文成天縱

徐無聞批校說文解字

劉石敬題

3

徐無聞 著

廣西師範大學出版社
·桂林·

第三册目録

說文解字十五卷　［漢］許慎撰　［宋］徐鉉等校定　民國上海商務印書館影印四部叢刊本……一
說文解字第八上……三
說文解字第八下……二五
說文解字第九上……三七
說文解字第九下……五一
說文解字第十上……六七
說文解字第十下……八七
說文解字第十一上……一〇五
說文解字第十一下……一二五
說文解字第十二上……一四三
說文解字第十二下……一六一
說文解字第十三上……一八一
說文解字第十三下……一九七

說文解字第十四上……二一三
說文解字第十四下……二三九
說文解字第十五上……二四九
說文解字第十五下……二六九
後記　徐立……二八五

說文解字

三

說文解字第八上　漢太尉祭酒許愼記

銀靑光祿大夫守右散騎常侍上柱國東海縣開國子食邑五百戶臣徐鉉等奉

敕校定

三十七部　六百一十一文　重六十三

凡八千五百三十九字　文三十五新附

人　天地之性最貴者也此籀文象臂脛之形凡人之屬皆从人　如鄰切

僮　未冠也从人童聲徒紅切　保　養也从人从孚省孚古文孚博褒切　呆　古文保　㑹　古文保不省

仁　親也从人从二臣鉉等曰仁者兼愛故从二如鄰切　忎　古文仁从千心　𡰥　古文仁或从尸　企　舉踵也从人止聲去智切　𧻌　古文企从足　仞　伸臂一尋八尺从人刃聲而震切　仕　學也从人从士鉏里切　佼　交也从人从交

干孫本作千是也

入孫本作人是也

佁孫本作治是也

傛篆譌當作傛孫本不誤

僣孫本同毛本作備是也

踏孫本作鉉是也

从交下巧切僎具也从人巽聲士勉切俅冠飾皃从人求聲詩曰弁服俅俅巨鳩切佩大帶佩也从人从凡

从巾佩必有巾巾謂之飾臣鉉等曰今俗别作珮非是蒲妹切儒柔也術士之偁从人需聲人朱切俊材千人也

从人夋聲子峻切傑傲也从人桀聲渠列切倱人姓从人軍聲吾昆切伋人名从人及聲居立切

伉人名从人亢聲論語有陳伉苦浪切伯長也从入白聲博陌切仲中也从人从中中亦聲直衆切伊殷聖人阿衡尹

佁天下者从人从尹於脂切𢍏古文伊从古文死偰高辛氏之子堯司徒殷之先从人契聲私列切倩人字

从人青聲東齊壻謂之倩倉見切伃婦官也从人予聲以諸切伀志及衆也从人公聲職茸切儇慧也从人

瞏聲許緣切倓安也从人炎聲讀若談徒甘切㑌倓或从剡侚疾也从人旬聲辭閏切傛不安也从人容

聲一曰華余隴切僷宋衛之閒謂華僷僷从人葉聲与步切佳善也从人圭聲古膎切侅奇侅非常

也从人亥聲古哀切傀偉也从人鬼聲周禮曰大傀異公回切瓌傀或从玉褢聲偉奇也从人韋聲于鬼切

切份文質僣也从人分聲論語曰文質份份府巾切彬古文份从彡林林者从焚省聲臣踏等曰今俗作斌非是

僑篆譌當作僑孫本不誤
仙孫本作仙是也

僚好皃从人尞聲力小切　佖威儀也从人必聲詩曰威儀佖佖毗必切　㑀具也从人孨聲讀若汝南㵼水虞書曰旁救㑀功士戀切　儠長壯儠儠也从人巤聲春秋傳曰長儠者相之良涉切　儦行皃从人麃聲詩曰行人儦儦甫嬌切　儺行人節也从人難聲詩曰佩玉之儺諾何切　倭順皃从人委聲詩曰周道倭遟於爲切　僓嫺也从人貴聲一曰長皃吐猥切又魚罪切　僑高也从人喬聲巨嬌切　俟大也从人矣聲詩曰伾伾俟俟牀史切　侗大皃从人同聲詩曰神罔時侗他紅切　佶正也从人吉聲詩曰旣佶且閑巨乙切　俁大也从人吳聲詩曰碩人俁俁魚禹切　仜大腹也从人工聲讀若紅戶工切　僤疾也从人單聲周禮曰句兵欲無僤徒案切　健伉也从人建聲渠建切　倞彊也从人京聲渠竟切　傲倨也从人敖聲五到切　仡勇壯也从人气聲周書曰仡仡勇夫魚訖切　倨不遜也从人居聲居御切　儼昂頭也从人嚴聲一曰好皃魚儉切　傪好皃从人參聲倉含切　俚聊也从人里聲良止切　伴大皃从人半聲薄滿切　俺大也从人奄聲於業切　僩武皃从人閒聲詩曰瑟兮僩兮下簡切　伾有力也从人丕聲詩曰以車伾伾敷悲切　偲彊力也从人思聲詩曰其人美且偲倉才切　倬箸大也从人卓聲詩曰倬彼雲漢竹角切　侹長皃一曰箸地一曰代也从人廷聲

備景宋譌當作備孫本不誤

刀孫本同當作刃廣韻宓刃切

𦋼孫本作輩是也

田孫本同當作盧

倗輔也从人朋聲讀若陪位步崩切 傓熾盛也从人扇聲詩曰豔妻傓方處式戰切 儆戒也从人敬聲春秋傳曰儆宮居影切 俶善也从人叔聲詩曰令終有俶一曰始也昌六切 傭均直也从人庸聲余封切 僾仿佛也从人愛聲詩曰僾而不見烏代切 仿相似也从人方聲妃罔切 㑂籀文仿从丙 佛見不審也从人弗聲敷勿切 僁聲也从人悉聲讀若屑私列切 僟精謹也从人幾聲明堂月令數將僟終巨衣切 佗負何也从人它聲臣鉉等案史記匈奴奇畜有橐佗今俗譌誤謂之駱駝非是徒何切 何儋也从人可聲臣鉉等曰儋何即負何也借爲誰何之何今俗別作擔荷非是胡歌切 儋何也从人詹聲都甘切 供設也从人共聲一曰供給俱容切 偫待也从人从待直里切 儲偫也从人諸聲直魚切 備愼也从人𤰈聲平祕切 𠈱古文備 位列中庭之左右謂之位从人立于備切 儐導也从人賓聲必刀切 擯儐或从手 偓佺也从人屋聲於角切 佺偓佺仙人也从人全聲此緣切 㒤心服也从人聶聲齒涉切 㑭約也从人勺聲徒歷切 儕等輩也从人齊聲春秋傳曰吾儕小人仕皆切 倫𦋼也从人侖聲一曰道也田屯切 侔齊等也从人牟聲莫浮切 偕彊也从人皆聲詩曰偕偕士子一曰俱也古諧切 俱偕也

付篆譌當作付 孫本不誤

揚孫本作揚是也

口孫本作曰是也

从人具聲 舉朱切 儹 冣也从人贊聲 作管切 併 並也从人幷聲 卑正切 傅 相也从人尃聲 方遇切 侙 惕也

从人式聲春秋國語曰於其心侙然 恥力切 俌 輔也从人甫聲 讀若撫 芳武切 倚 依也从人奇聲 於綺切 依

倚也从人衣聲 於稀切 仍 因也从人乃聲 如乘切 佽 便利也从人次聲 詩曰決拾既佽 一曰遞也 七四切 佴 佽也从人

耳聲 仍吏切 倢 佽也从人疌聲 子葉切 侍 承也从人寺聲 時吏切 傾 仄也从人从頃 頃亦聲 去營切 側

旁也从人則聲 阻力切 㑊 宴也从人安聲 烏寒切 侐 靜也从人血聲 詩曰閟宮有侐 況逼切 付 与也从寸持物對人

臣鉉等曰寸手也 方遇切 俜 使也从人甹聲 普丁切 俠 俜也从人夾聲 胡頰切 儃 儃何也从人亶聲 徒

干切 侁 行皃从人先聲 所臻切 仰 舉也从人从卬 魚兩切 侸 立也从人豆聲 讀若樹 常句切 儽 垂皃从人

纍聲 一曰嬾解 落猥切 侳 安也从人坐聲 則臥切 偁 揚也从人爯聲 處陵切 伍 相參伍也从人从五 疑古切 什

相什保也从人十 是執切 佰 相什伯也从人百 博陌切 佸 會也从人昏聲 詩曰曷其有佸 一口佸佸力皃 古活切 佮

合也从人合聲 古沓切 𢼸 眇也从人从攴豈省聲 臣鉉等案豈字从𢼸省 𢼸不應从豈省 蓋傳寫之誤 疑从耑省 耑物初生之

下孫本作不是也
閒孫本作閑是也
院孫本作俒是也
伶段氏曰按類篇集韻及小徐作令爲是伶弄也非其義

題尚微也無非切　傆 黠也从人原聲魚福切　作 起也从人从乍則洛切　假 非真也从人叚聲古疋切一曰至也虞書曰
假于上下古頟切　借 假也从人昔聲資昔切　侵 漸進也从人又持帚若埽之進又手也七林切　儥 賣也从人賣聲余六
切　候 伺望也从人侯聲胡遘切　償 還也从人賞聲食章切　僅 材能也从人堇聲渠吝切　代 更也从人弋聲臣鉉等
曰弋非聲說文忍字與此義訓同疑兼有忍音徒耐切　儀 度也从人義聲魚羈切　傍 近也从人旁聲步光切　佀
象也从人目聲詳里切　便 安也人有不便更之从人更房連切　任 符也从人壬聲如林切　俔 譬諭也一曰閒見从人从見詩
曰俔天之妹苦甸切　優 饒也从人憂聲一曰倡也於求切　僖 樂也从人喜聲許其切　偆 富也从人春聲尺允切　俒
完也逸周書曰朕實不明以俒伯父从人从完胡困切　儉 約也从人僉聲巨險切　偭 鄉也从人面聲少儀曰尊壺者偭其鼻彌
箭切　俗 習也从人谷聲似足切　俾 益也从人卑聲一曰俾門侍人并弭切　倪 俾也从人兒聲五雞切　億 安也
从人意聲於力切　使 伶也从人吏聲疏士切　⿰亻癸 左右兩視从人癸聲其季切　伶 弄也从人令聲益州有建伶縣郎丁切
儷 棽儷也从人麗聲呂支切　傳 遽也从人專聲直戀切　倌 小臣也从人从官詩曰命彼倌人古患切　价 善也从人介聲

士孫本同藤花榭本作土是也
籒孫本作鞫是也
隋孫本同毛本作惰

詩曰价人惟藩古拜切仔克也从人子聲子之切𠈨送也从人灷聲呂不韋曰有侁氏以伊尹𠈨女古文以爲訓字
臣鉉等曰灷不成字當从朕省案勝字从朕聲疑古者𠈨或音倂以證切俆緩也从人余聲似魚切偋僻寠也从人屏
聲防正切伸屈伸从人申聲失人切伹拙也从人且聲似魚切⿰亻然意膬也从人然聲臣鉉等曰膬耎易破也
人善切偄弱也从人从耎奴亂切倍反也从人咅聲薄亥切傿引爲賈也从人焉聲於建切僭假也从人
朁聲子念切儗僭也一曰相疑从人从疑魚已切偏頗也从人扁聲芳連切倀狂也从人長聲一曰什也楮羊切儚
惛也从人夢聲呼肱切儔翳也从人壽聲直由切侜有廱蔽也从人舟聲詩曰誰侜予美張流切俴淺也
从人戔聲慈衍切佃中也从人田聲春秋傳曰乘中佃一轅車堂練切佌小皃从人囟聲詩曰佌佌彼有屋斯氏切侊小皃
从人光聲春秋國語曰侊飯不及一食古橫切佻愉也从人兆聲詩曰視民不佻士彫切僻避也从人辟聲詩曰宛如左僻一曰
从旁牽也普擊切伭很也从人弦省聲胡田切伎與也从人支聲詩曰籒人伎忒渠綺切侈掩脅也从人多聲一曰奢
也尺氏切佁癡皃从人台聲讀若騃夷在切⿰亻蚤⿰亻蚤驕也从人蚤聲穌遭切僞詐也从人爲聲危睡切伿隋也

少孫本同藤花榭本作式

備孫本作⿰忄備[illegible]

儔孫本同毛本作擣是也

楊當作裼孫本誤作禓

从人只聲以豉切 佝 務也从人句聲苦候切 僄 輕也从人票聲匹妙切 倡 樂也从人昌聲尺亮切 俳 戲也从人非聲步皆切 僐 作姿也从人善聲堂演切 儳 儳互不齊也从人毚聲士咸切 佚 佚民也从人失聲一曰佚忽也夷質切 俄 行頃也从人我聲詩曰仄弁之俄五何切 傜 喜也从人䍃聲自關以西物大小不同謂之傜余招切 ⿰亻卻 徼卻受屈也从人卻聲其虐切 傞 醉舞皃从人差聲詩曰屢舞傞傞素何切 僛 醉舞皃从人欺聲詩曰屢舞僛僛去其切 侮 傷也从人每聲文甫切 㑄 古文从母 ⿰亻疾 嫉也从人疾聲一曰毒也秦悉切 嫉 ⿰亻疾或从女 偒 輕也从人易聲一曰交偒以豉切 俙 訢面相是从人希聲喜皆切 僨 僵也从人賁聲匹問切 僵 僨也从人畺聲居良切 仆 頓也从人卜聲芳遇切 偃 僵也从人匽聲於幰切 傷 創也从人𥏻省聲少羊切 ⿰亻肴 刺也从人肴聲一曰痛聲胡茅切 侉 備詞从人夸聲苦瓜切 催 相儔也从人崔聲詩曰室人交徧催我倉回切 俑 痛也从人甬聲他紅切又余隴切 伏 司也从人从犬臣鉉等曰司今人作伺房六切 促 迫也从人足聲七玉切 例 比也从人列聲力制切 係 絜束也从人从系系亦聲胡計切 伐 擊也从人持戈一曰敗也房越切 俘 軍所獲也从人孚聲春秋傳曰以爲俘聝芳無切 但 楊也从人

旦聲徒旱切 傴 僂也从人區聲於武切 僂 尪也从人婁聲周公韈僂或言背僂力主切 僇 癡行僇僇也从人翏聲讀若雡一曰且也力救切 仇 讎也从人九聲巨鳩切 儡 相敗也从人畾聲讀若靁魯回切 咎 災也从人从各各者相違也其久切 仳 別也从人比聲詩曰有女仳離芳比切 㑴 毀也从人咎聲其久切 倠 仳倠醜面从人隹聲許惟切 值 措也从人直聲直吏切 侂 寄也从人庑聲庑古文宅他各切 僔 聚也从人尊聲詩曰僔沓背憎慈損切 像 象也从人从象象亦聲讀若養徐兩切 倦 罷也从人卷聲渠眷切 傮 終也从人曹聲作曹切 偶 桐人也从人禺聲五口切 弔 問終也古之葬者厚衣之以薪从人持弓會敺禽多嘯切 佋 廟佋穆父爲佋南面子爲穆北面从人召聲市招切 㑗 神也从人身聲失人切 僊 長生僊去从人䙴䙴亦聲相然切 僰 犍爲蠻夷从人棘聲蒲北切 仚 人在山上从人从山呼堅切 僥 南方有焦僥人長三尺短之極从人堯聲五聊切 𠐍 市也从人對聲都隊切 俇 遠行也从人㞷聲居況切 件 分也从人从牛牛大物故可分其輦切

文二百四十五 重十四

侶 徒侶也从人呂聲力舉切 侲 僮子也从人辰聲章刃切 倅 副也从人卒聲七內切 傔 從也从人兼聲苦念切

莫條本作𠤕是也 朱孫本同當作𠤕

倜 倜儻不羈也从人从周未詳他歷切 儻 倜儻也从人黨聲他朗切 佾 舞行列也从人肙聲夷質切 倒 仆也从人到聲當老切 儈 合市也从人會會亦聲古外切 低 下也从人氐氐亦聲都兮切 債 債負也从人責責亦聲側賣切 價 物直也从人賈賈亦聲古訝切 停 止也从人亭聲特丁切 僦 賃也从人就就亦聲即就切 伺 候望也从人司聲相吏切自低已下六字从人皆後人所加 僧 浮屠道人也从人曾聲穌曾切 佇 久立也从人从宁直呂切 偵 問也从人貞聲丑鄭切

文十八 新附

匕 變也从到人凡匕之屬皆从匕呼跨切

𠤤 未定也从匕𠤕聲𠤕古文矢字語期切 眞 僊人變形而登天也从匕从目从乚音隱八所乘載也側鄰切 𡗓 古文眞 化 教行也从匕从人匕亦聲呼跨切

文四 重一

匕 相與比敘也从反人匕亦所以用比取飯一名柶凡匕之屬皆从匕卑履切

匙 匕也从匕是聲是支切 𠤜 相次也从匕从十鴇从此博抱切 𩠐 頃也从匕支聲匕頭頃也詩曰𩠐彼織女去智切 頃

頭不正也从匕从頁臣鉉等曰匕者有所比附不正也去營切 𡿺 頭髓也从匕匕相匕著也巛象髮囟象𡿺形奴皓切 卬 望欲有所庶及

也从匕从卪詩曰高山卬止伍岡切 卓 高也早匕爲卓匕卪爲卬皆同義竹角切 𠦝 古文卓 艮 很也从匕目匕

目猶目相匕不相下也易曰艮其限匕目爲艮匕目爲真也古恨切 文九 重一

从 相聽也从二人凡从之屬皆从从疾容切

從 隨行也从辵从从亦聲慈用切 并 相從也从从幵聲一曰从持二爲并府盈切 文三

比 密也二人爲从反从爲比凡比之屬皆从比毗至切

𣬉 古文比 毖 慎也从比必聲周書曰無毖于卹兵媚切 文二 重一

北 乖也从二人相背凡北之屬皆从北博墨切

冀 北方州也从北異聲几利切 文二

丘土之高也非人所爲也从北从一一地也人居在丘南故从北中邦之居在崐崘東南一曰四方高中央下爲丘象形凡丘之屬皆从丘去鳩切今隸變作丘

㘴古文从土

虛大丘也崐崘丘謂之崐崘虛古者九夫爲井四井爲邑四邑爲丘丘謂之虛从丘虍聲臣鉉等曰今俗別作墟非是丘如切又朽居切

屔反頂受水丘从丘泥省聲奴低切

文三　重一

㐺衆立也从三人凡㐺之屬皆从㐺讀若欽崟魚音切

眾多也从㐺目衆意之仲切

聚會也从㐺取聲邑落云聚才句切

臮衆詞與也从㐺自聲虞書曰臮咎繇

臮古文臮其冀切

文四　重一

士據本作土是也

見據本同當作尼

𡈼善也从人士士事也一曰象物出地挺生也

凡𡈼之屬皆从𡈼 臣鉉等曰人在土上𡈼然而立也他鼎切

徵召也从微省𡈼爲徵行於微而文達者即徵之陟陵切 𢿱古文徵 朢月滿與日相望以朝君也从月从臣从𡈼𡈼朝廷也無放切 𦣠古文朢省 㸒近求也从爪𡈼𡈼徼幸也余箴切 文四 重二

重厚也从𡈼東聲凡重之屬皆从重 徐鍇曰𡈼者人在士上故爲厚也 柱用切

量稱輕重也从重省曏省聲呂張切 𨤲古文量 文二 重一

臥休也从人臣取其伏也凡臥之屬皆从臥 吾貨切

監臨下也从臥䘏省聲古銜切 𧖴古文監从言 臨監臨也从臥品聲力尋切 𦣝楚謂小兒嬾𦣝从臥食尼見切

文四 重一

殷篆譌當作〔篆〕孫本不誤

身 躳也象人之身从人厂聲凡身之屬皆从身 失人切

軀 體也从身區聲 豈俱切

文二

㐆 歸也从反身凡㐆之屬皆从㐆 徐鍇曰古人所謂反身修道故曰歸也 於機切

殷 作樂之盛稱殷从㐆从殳易曰殷薦之上帝 於身切

文二

衣 依也上曰衣下曰裳象覆二人之形凡衣之屬皆从衣 於稀切

裁 制衣也从衣𢦏聲 昨哉切

袞 天子享先王卷龍繡於下幅一龍蟠阿上鄉从衣公聲 古本切

䙅 丹縠衣从衣㠭聲 知扇切

褕 翟羽飾衣从衣俞聲一曰直裾謂之襜褕 羊朱切

袗 玄服从衣㐱聲 之忍切

裖 袗或从辰

表 上衣也从衣从

衽篆譌當作衽 孫本亦誤

十孫本作七是也

袤孫本作[illegible]是也

衹孫本作袛是也

褢篆譌當作褢 孫本不誤

毛古者衣裘以毛爲表陂矯切 ⿴衣麃 古文表从麃 裏 衣內也从衣里聲良止切 襁 負兒衣从衣強聲居兩切 襋

衣領也从衣棘聲詩曰要之襋之己力切 襮 黼領也从衣暴聲詩曰素衣朱襮蒲沃切 衽 衣䘻也从衣壬聲如甚切 褸 衽也

从衣婁聲力主切 褽 衽也从衣尉聲於胃切 ⿴衣疌 䘻緣也从衣疌聲七入切 䘻 交衽也从衣金聲居音切 褘 蔽厀

也从衣韋聲周禮曰王后之服褘衣謂畫袍許歸切 衭 襲衭也从衣夫聲甫無切 襲 左衽袍从衣龖省聲似入切

⿴衣龖 籀文襲不省 袍 襺也从衣包聲論語曰衣弊緼袍薄襃切 襺 袍衣也从衣繭聲以絮曰襺以緼曰袍春

秋傳曰盛夏重襺古典切 褋 南楚謂禪衣曰褋从衣枼聲徒叶切 袤 衣帶以上从衣矛聲一曰南北曰袤東西曰廣莫

候切 ⿴衣楙 籀文袤从楙 襘 帶所結也从衣會聲春秋傳曰衣有襘古外切 褧 檾也詩曰衣錦褧衣示反古从衣耿聲去穎切

衹 衹裯短衣从衣氐聲都兮切 裯 衣袂衹裯从衣周聲都牢切 襤 裯謂之襤褸襤無緣也从衣監聲魯甘切 ⿰衤隋 無袂

衣謂之⿰衤隋从衣惰省聲徒臥切 ⿰衤毒 衣躳縫从衣毒聲讀若督冬毒切 袪 衣袂也从衣去聲一曰袪褱也褱者裛也袪尺二

寸春秋傳曰披斬其袪去魚切 褎 袂也从衣采聲似又切 袖 俗褎从由 袂 袖也从衣夬聲彌弊切 褢 袖也一曰

古孫本作占是也

藏也从衣鬼聲戶乖切 褱 俠也从衣眔聲一曰橐臣鉉等曰眔非聲未詳戶乖切 袌 褱也从衣包聲臣鉉等曰今俗作袍
非是抱與捊同薄保切 襜 衣蔽前从衣詹聲處古切 袥 衣衸从衣石聲他各切 衸 袥也从衣介聲胡介切
襗 絝也从衣睪聲徒各切 袘 褫也从衣它聲論語曰朝服袘紳唐左切 裾 衣袍也从衣居聲讀與居同九魚切
衧 諸衧也从衣于聲羽俱切 褰 絝也从衣寒省聲春秋傳曰徵褰與襦去虔切 襱 絝踦也从衣龍聲丈冢切
襩 襱或从賣 袑 絝上也从衣召聲市沼切 襑 衣博大从衣尋聲他感切 褒 衣博裾从衣保省聲保古文保博
毛切 褅 緥也从衣啻聲詩曰載衣之褅臣鉉等曰緥即襁緥也今俗別作褓非是他計切 褍 衣正幅从衣耑聲多官切
𧝎 重衣皃从衣圍聲爾雅曰𧝎𧝎積積臣鉉等曰說文無積字爾雅亦無此語疑後人所加羽非切 複 重衣皃从衣复聲一
曰褚衣方六切 褆 衣厚褆褆从衣是聲杜兮切 襛 衣厚皃从衣農聲詩曰何彼襛矣汝容切 裻 新衣聲一曰背
縫从衣叔聲冬毒切 袳 衣張也从衣多聲春秋傳曰公會齊侯于袳尺氏切 裔 衣裾也从衣冏聲臣鉉等曰冏非聲疑象衣
裾之形余制切 𧘇 古文裔 衯 長衣皃从衣分聲撫文切 袁 長衣皃从衣叀省聲羽元切 裊 短衣从衣鳥聲春秋

⿰衤鳥孫本作⿰礻鳥是也

沔孫本同當作沔

邑孫本作色是也

于孫本作干是也

⿰衤流篆譌當作褫孫本不誤

傳曰有空⿰衤鳥都僚切

褺 重衣也从衣執聲巴郡有褺縣徒叶切

裵 長衣皃从衣非聲臣鉉等案漢書裵回用此今俗作徘徊非是薄回切

襡 短衣也从衣蜀聲讀若蜀市玉切

⿱斲衣 衣至地也从衣斲聲竹角切

襦 短衣也从衣需聲一曰㬅衣人朱切

褊 衣小也从衣扁聲方沔切

袷 衣無絮从衣合聲古洽切

襌 衣不重从衣單聲都寒切

襄 漢令解衣耕謂之襄从衣𤕦聲息良切

𡪿 古文襄

被 寢衣長一身有半从衣皮聲平義切

衾 大被从衣今聲去音切

襐 飾也从衣象聲徐兩切

衵 日日所常衣从衣从日日亦聲人質切

褻 私服从衣埶聲詩曰是褻袢也臣鉉等曰从埶省乃得聲私列切

衷 裏褻衣从衣中聲春秋傳曰皆衷其衵服陟弓切

袾 好佳也从衣朱聲詩曰靜女其袾昌朱切

袓 事好也从衣且聲才与切

裨 接益也从衣卑聲府移切

袢 無邑也从衣半聲一曰詩曰是紲袢也讀若普博幔切

雜 五彩相合从衣集聲徂合切

裕 衣物饒也从衣谷聲易曰有孚裕無咎羊孺切

襞 韏衣也从衣辟聲臣鉉等曰韏革中辨也衣襞積如辨也必益切

衦 摩展衣从衣于聲古案切

裂 繒餘也从衣列聲良辥切

⿱奴衣 弊衣从衣奴聲女加切

袒 衣縫解也从衣旦聲丈莧切

補 完衣也从衣甫聲博古切

⿰衤黹 紩衣也从衣黹黹亦聲豬几切

褫

裎篆譌當作裎孫本不誤

䙐孫本作衺是也

車孫本作萆是也

衣字衍孫本同

褫奪衣也从衣虒聲讀若池直离切 臝袒也从衣𣎆聲郎果切 裸𣎆或从果 裎袒也从衣呈聲丑郢切

裼袒也从衣易聲先擊切 衺䙐也从衣牙聲似嗟切 襭以衣衽扱物謂之襭从衣頡聲胡結切

擷襭或从手 袺執衽謂之袺从衣吉聲格八切 褿帴也从衣曹聲昨牢切又七刀切 裝裹也从衣壯聲側羊切

裹纏也从衣果聲古火切 裛書囊也从衣邑聲於業切 齌緶也从衣齊聲即夷切 裋

豎使布長襦从衣豆聲常句切 褔編枲衣从衣區聲一曰頭褔一曰次裹衣於武切又於矦切 褐編枲韤一曰粗

衣从衣曷聲胡葛切 褗褔領也从衣匽聲於幰切 裺褗謂之裺从衣奄聲依檢切 衰艸雨衣秦謂之車从衣象形穌禾切

𧘝古文衰 卒隸人給事者衣爲卒卒衣有題識者臧没切 褚卒也从衣者聲一曰製衣丑呂切 製裁也

从衣从制征例切 袚蠻夷衣从衣犮聲一曰蔽厀北末切 襚衣死人也从衣遂聲春秋傳曰楚使公親襚徐醉切 𧙓棺中

縑裏衣从衣弔聲讀若雕都僚切 裞贈終者衣被曰裞从衣兌聲輸芮切 褮鬼衣从衣熒省聲讀若詩曰葛藟縈之一曰若靜

女其袾之袾於營切 䘰車溫也从衣延聲式連切 褭以組帶馬也从衣从馬奴鳥切

耆篆譌當作䑕孫本不誤

逮孫本作逮是也

文一百一十六　重十一

袨盛服也从衣玄聲黃絢切　衫衣也从衣彡聲所銜切　襖裘屬从衣奥聲烏皓切　文三新附

裘皮衣也从衣求聲一曰象形與衰同意凡裘之屬皆从裘巨鳩切

求古文省衣　䙷裘裏也从裘鬲聲讀若擊楷革切

文二　重一

老考也七十曰老从人毛匕言須髮變白也凡老之屬皆从老盧皓切

耋年八十曰耋从老省从至徒結切　薹年九十曰薹从老从蒿省莫報切　耆老也从老省旨聲渠脂切　耇老人面凍黎若垢从老省句聲古厚切　𦒷老人面如點也从老省古聲讀若耿介之耿丁念切　𦒱老人行才相逮从老省易省行象讀若樹常句切　壽久也从老省𠷎聲殖酉切　考老也从老省丂聲苦浩切　孝善事父母者从老省

二虋字孫本作𧆑是也
木孫本作禾是也

士孫本同當作土
衣孫本作纛

从子子承老也呼教切

文十

毛 眉髮之屬及獸毛也象形凡毛之屬皆从毛 莫袍切

毴 毛盛也从毛隼聲虞書曰鳥獸毴髦 而尹切又人勇切

𣯛 獸豪也从毛倝聲 侯幹切

毨 仲秋鳥獸毛盛可選取以爲器用从毛先聲讀若選 穌典切

𣰆 以毳爲罽色如虋故謂之𣰆虋木之赤苗也从毛㒼聲詩曰毳衣如𣰆 莫奔切

氈 撚毛也从毛亶聲 諸延切

文六

毦 羽毛飾也从毛耳聲 仍吏切

氍 氍毹毾㲪皆氈緂之屬蓋方言也从毛瞿聲 其俱切

毹 氍毹也从毛俞聲 羊朱切

毾 毾㲪也从毛𦐇聲 士盍切

㲪 毾㲪也从毛登聲 都滕切

毬 鞠丸也从毛求聲 巨鳩切

氅 析鳥羽爲旗衣之屬从毛敞聲 昌兩切

文七 新附

毳 獸細毛也从三毛凡毳之屬皆从毳 此芮切

䨲 毛紛紛也从毳非聲 甫微切

文二

尸 陳也象臥之形凡尸之屬皆从尸 式脂切

㞟 偫也从尸奠聲堂練切

居 蹲也从尸古者居从古臣鉉等曰居从古者言法古也九魚切

踞 俗居从足

屓 臥息也从尸自臣鉉等曰自古者以爲鼻字故从自許介切

屑 動作切切也从尸㣇聲私列切

展 轉也从尸襄省聲知衍切

屆 行不便也一曰極也从尸凷聲古拜切

尻 脽也从尸九聲苦刀切

𡱂 髀也从尸下丌居几臣鉉等曰丌几皆所以尻止也徒魂切

脽 𡱂或从肉隼

臀 𡱂或从骨殿聲

⿸尸旨 尻也从尸旨聲詰利切

尼 從後近之从尸匕聲女夷切

⿸尸臿 從後相臿也从尸从臿楚洽切

⿸尸乏 屬屋也从尸乏聲直立切

⿸尸又 柔皮也从申尸之後尸或从又臣鉉等曰注似闕脫未詳人善切

屒 伏皃从尸辰聲一曰屋宇珍忍切

屖 屖遟也从尸辛聲先稽切

屝 履也从尸非聲扶沸切

屍 終主从尸从死式脂切

屠 刳也从尸者聲同都切

屟 履中薦也从尸枼聲穌叶切

屋 居也从尸尸所主一曰尸象屋形从至至所至止室屋皆从至烏谷切

𡱄 籀文屋从厂

𡳒 古文屋

屛 屛蔽也从尸幷聲必郢切

層 重屋也从尸曾聲昨稜切

文二十三 重五

丘排本同當作𠀉

屢數也案今之婁字本是屢空字此字後人所加从尸未詳丘羽切

文一新附

說文解字弟八上

慎孫本作氏

說文解字第八下

漢太尉祭酒許慎記

銀青光祿大夫守右散騎常侍上柱國東海縣開國子食邑五百戶臣徐鉉等奉

敕校定

尺 十寸也人手卻十分動脈爲寸口十寸爲尺尺所以指尺規榘事也从尸从乙乙所識也周制寸尺咫尋常仞諸度量皆以人之體爲法凡尺之屬皆从尺 昌石切

咫 中婦人手長八寸謂之咫周尺也从尺只聲 諸氏切

文二

尾 微也从到毛在尸後古人或飾系尾西南夷亦然凡尾之屬皆从尾 無斐切今隸變作尾

舠篆譌當作舫孫本不誤

屬 連也从尾蜀聲之欲切 屈 無尾也从尾出聲九勿切 尿 人小便也从尾从水奴弔切 文四

履 足所依也从尸从彳从夂舟象履形一曰尸聲凡履之屬皆从履良止切 𩑋 古文履从頁从足 屨 履也从履省婁聲一曰鞮也九遇切 𡳐 履下也从履省歷聲郎擊切 𡱿 履屬从履省予聲徐呂切 屩 屐也从履省喬聲居勺切 屐 屩也从履省支聲奇逆切 文六 重一

舟 船也古者共鼓貨狄刳木為舟剡木為楫以濟不通象形凡舟之屬皆从舟職流切 俞 空中木為舟也从亼从舟从巜巜水也羊朱切 船 舟也从舟鉛省聲食川切 彤 船行也从舟彡聲丑林切 舳 艫也从舟由聲漢律名船方長為舳艫一曰舟尾臣鉉等曰當从胄省乃得聲直六切 艫 舳艫也一曰船頭从舟盧聲洛乎切 𦨴 船行不安也从舟从刖省讀若兀五忽切 艐 船著不行也从舟㚇聲讀若辜子紅切 朕 我也闕直禁切 舫 船師也明堂月令曰舫人習水者从舟方

聲甫妄切 般辟也象舟之旋从舟从殳殳所以旋也北潘切 𣪠古文般从支 服用也一曰車右騑所以舟旋从舟𠬝聲房六切 𦨈古文服从人

文十二　重二

舸舟也从舟可聲古我切 艇小舟也从舟廷聲徒鼎切 艅艅艎舟名从舟余聲經典通用餘以諸切 艎艅艎也从舟皇聲胡光切

文四　新附

方併船也象兩舟省總頭形凡方之屬皆从方府良切

𣃈方或从水 斻方舟也从方亢聲禮天子造舟諸侯維舟大夫方舟士特舟臣鉉等曰今俗别作航非是胡郎切

文二　重一

儿仁人也古文奇字人也象形孔子曰在人下故詰屈凡儿之屬皆从儿如鄰切

兀 高而上平也从一在人上讀若敻茂陵有兀桑里五忽切

兒 孺子也从儿象小兒頭囟未合汝移切

允 信也从儿㠯聲樂準切

兌 說也从儿㕣聲臣鉉等曰㕣古文兖字非聲當从口从八象气之分散易曰兌爲巫爲口大外切

充 長也高也从儿育省聲昌終切

文六

兄 長也从儿从口凡兄之屬皆从兄許榮切

兢 競也从二兄二兄競意从丰聲讀若矜一曰兢敬也居陵切

文二

兂 首笄也从人匕象簪形凡兂之屬皆从兂側岑切

簪 俗兂从竹从朁

兟 朁朁銳意也从二兂子林切

文二　重一

皃 頌儀也从人白象人面形凡皃之屬皆从皃莫教切

貌 皃或从頁豹省聲

貌 籀文皃从豹省

覍 冕也周曰覍殷曰吁夏曰收从皃象形皮變切

𡮂 籀文覍从廾上象形

弁 或覍字

文二　重四

賛孫本同當作贊

𠑹廱蔽也从人象左右皆蔽形凡𠑹之屬皆从𠑹讀若瞽公户切

兜兜鍪首鎧也从𠑹从皃省皃象人頭也當侯切

文二

先前進也从儿从之凡先之屬皆从先臣鉉等曰之人上是先也穌前切

兟進也从二先贊从此闕所臻切

文二

禿無髮也从人上象禾粟之形取其聲凡禿之屬皆从禿王育說蒼頡出見禿人伏禾中因以制字未知其審他谷切

𩑶禿皃从禿貴聲杜回切

文二

王問切孫本同周校云此反切因⿰員見下王問切而誤廣韻力玉切

⿰秉見孫本作覝是也

救孫本同當作敕

炎見孫本同當作見炎

⿰賓見篆譌當作⿰賓見孫本不誤

見 視也从儿从目凡見之屬皆从見 古甸切

視 瞻也从見示 神至切 眎 古文視 眡 亦古文視 ⿰麗見 求也从見麗聲讀若池 郎計切 覣 好視也从見委聲 於爲切 ⿰兒見 㫄視也从見兒聲 五計切 覶 好視也从見𤔔聲 洛戈切 ⿰录見 笑視也从見录聲 王問切 ⿰爰見 大視也从見爰聲 況晚切 ⿰炎見 察視也从見炎聲 讀若鎌 力鹽切 ⿰員見 外博衆多視也从見員聲 讀若運 王問切 觀 諦視也从見雚聲 古玩切 ⿱雚囧 古文觀从囧 㝵 取也从見从寸 寸度之亦手也 臣鉉等案彳部作古文得字 此重出 多則切 覽 觀也从見監 監亦聲 盧敢切 ⿰來見 内視也从見來聲 洛代切 ⿰是見 顯也从見是聲 杜兮切 ⿰票見 目有察省見也从見票聲 方小切 ⿰朿見 ⿰朿見覰闚觀也从見朿聲 七四切 覰 拘覰未致密也从見虘聲 七句切 覭 小見也从見冥聲 爾雅曰覭髳弗離 莫經切 ⿰甚見 内視也从見甚聲 丁含切 覯 遇見也从見冓聲 古后切 ⿰歸見 注目視也从見歸聲 渠追切 覘 窺也从見占聲 春秋傳曰公使覘之信 救豔切 覹 司也从見微聲 無非切 覢 暫見也从炎見聲 春秋公羊傳曰覢然公子陽生 失冉切 ⿰賓見 暫見也从見賓聲 必刃切 ⿰樊見 觀⿰樊見也从見樊聲 讀若幡 附袁切 ⿰氐見 病人

比孫本同毛本作止是也

視也从見氐聲讀若迷莫兮切 𧡌 下視深也从見𠧪聲讀若攸以周切 䙾 私出頭視也从見彤聲讀若郴丑林切 覓 突前
也从見冃臣鉉等曰冃重覆也犯冃而見是突前也莫紅亡洪二切 覬 𣢟幸也从見豈聲几利切 覦 欲也从見俞聲羊朱切 䚃
視不明也一曰直視从見舂聲丑尨切 ⿰龠見 視誤也从見龠聲弋笑切 覺 寤也从見學省聲一曰發也古岳切 𧡪 目赤也从
見䞓省聲臣鉉等曰䞓非聲未詳才的切 靚 召也从見青聲疾正切 親 至也从見亲聲七人切 覲 諸侯秋朝曰覲勞王
事从見堇聲渠吝切 覜 諸侯三年大相聘曰覜覜視也从見兆聲他弔切 覒 擇也从見毛聲讀若苗莫袍切 覕 蔽不相見也从見必
聲莫結切 ⿰它見 司人也从見它聲讀若馳式支切 𧡧 目蔽垢也从見䀠聲讀若兜當侯切

文四十五 重三

覿 見也从見賣聲徒歷切 文一 新附

覞 竝視也从二見凡覞之屬皆从覞弋笑切

䚡 很視也从覞肩聲齊景公之勇臣有成䚡者苦閑切 ⿱雨覞 見雨而比息从覞从雨讀若欷虛器切 文三

謌孫本同當作歌

叶孫本作叶均誤當作吐

欠 張口气悟也象气从人上出之形凡欠之屬皆从欠 去劒切

欽 欠皃从欠金聲去音切

𣢕 欠皃从欠䜌聲洛官切

欯 喜也从欠吉聲許吉切

吹 出气也从欠从口臣鉉等案口部已有吹噓此重出

欨 吹也一曰笑意从欠句聲況于切

歑 溫吹也从欠虖聲虎烏切

𣢾 吹气也从欠或聲於六切

歟 安气也从欠與聲以諸切

𣣏 翕气也从欠脅聲虛業切

歕 吹气也从欠賁聲普魂切

歇 息也一曰气越泄从欠曷聲許謁切

歡 喜樂也从欠雚聲呼官切

欣 笑喜也从欠斤聲許斤切

弞 笑不壞顏曰弞从欠引省聲式忍切

款 意有所欲也从欠窾省臣鉉等曰窾塞也意有所欲而猶塞款款然也苦管切

𣢝 款或从柰

𣢟 幸也从欠气聲一曰口不便言居气切

欲 貪欲也从欠谷聲余蜀切

歌 詠也从欠哥聲古俄切

謌 歌或从言

歂 口气引也从欠耑聲讀若車輇市緣切

歍 心有所惡若吐也从欠烏聲一曰口相就哀都切

𣤋 歍𣤋也从欠鼀聲才六切

噈 俗𣤋从口从就

𣢑 愁然也从欠尗聲孟子曰曾西𣢑然才六切

欦 含笑也从欠今聲丘嚴切

歋 人相笑相歋瘉从欠虒聲以支切

歊 歊歊气出皃从欠高高亦聲許嬌切

欻

鹵孫本作卣是也

歠孫本同當作也

樵孫本作⿰米焦是也

穌孫本同當作[illegible]穌

繫孫本同當作毄

[illegible]孫本作⿰幼欠是也

有所吹起从欠炎聲讀若忽許物切 欪 欪欪戲笑皃从欠之聲許其切 ⿰䍃欠 歊歊气出皃从欠䍃聲余招切 歗 吟也从欠肅聲詩曰

其歗也謌臣鉉等案口部此籀文嘯字此重出穌弔切 歎 吟也从欠鷬省聲他案切 ⿰鷬欠 籀文歎不省 歖 卒喜也从欠从喜許

其切 欸 訾也从欠矣聲凶戒切又烏開切 ⿰此欠 歐也从欠此聲前智切 歐 吐也从欠區聲烏后切 歔 欷也从欠虛聲一曰出气

也朽居切 欷 歔也从欠稀省聲香衣切 歜 盛气怒也从欠蜀聲尺玉切 ⿰鹵欠 言意也从欠从鹵鹵亦聲讀若酉与久切 ⿰渴欠 欲歠

歠从欠渴聲苦葛切 ⿰⿱白方欠 所謌也从欠噭省聲讀若叫呼之叫古弔切 ⿰嗇欠 悲意从欠嗇聲火力切 ⿰樵欠 盡酒也从欠樵聲子肖切

⿰緘欠 監持意口閉也从欠緘聲古咸切 ⿰辰欠 指而笑也从欠辰聲讀若蜃時忍切 ⿰鰥欠 昆干不可知也从欠鰥聲古渾切 歃

歠也从欠臿聲春秋傳曰歃而忘山洽切 欶 吮也从欠束聲所角切 ⿰甚欠 食不滿也从欠甚聲讀若坎苦感切 欿 欲得也从欠臽

聲讀若貪他含切 欱 歠也从欠合聲呼合切 歉 歉食不滿从欠兼聲苦簟切 ⿰骨欠 咽中息不利也从欠骨聲烏八切

欭 嚘也从欠因聲乙冀切 欬 屰气也从欠亥聲苦蓋切 ⿰繫欠 且唾聲一曰小笑从欠繫聲許壁切 歙 縮鼻也从欠翕聲丹

陽有歙縣許及切 ⿰咎欠 歠鼻也从欠咎聲讀若爾雅曰麔豭短脰於糾切 ⿰幼欠 愁皃从欠幼聲臣鉉等案口部呦字或作⿰幼欠此重出

歂篆譌據本同當作歂

於蚪切

欪 咄欪無慙一曰無腸意从欠出聲讀若卉丑律切

欥 詮詞也从欠从曰曰亦聲詩曰欥求厥寧余律切

次 不前不精也从欠二聲七四切

𠘰 古文次

㰻 飢虛也从欠康聲苦岡切

欺 詐欺也从欠其聲去其切

歆 神食气也从欠音聲許今切

文六十五　重五

歈 歌也从欠俞聲切韻云巴歈歌也案史記渝水之人善歌舞漢高祖采其聲後人因加此字羊朱切

文一 新附

㱃 歠也从欠酓聲凡㱃之屬皆从㱃於錦切

𣱛 古文㱃从今水

𩚜 古文㱃从今食

歠 㱃也从㱃省叕聲昌說切

吷 歠或从口从史

文二　重三

㳄 慕欲口液也从欠从水凡㳄之屬皆从㳄叙連切

𣵀 㳄或从侃

㵈 籀文㳄

羨 貪欲也从㳄从羑省羑呼之羑文王所拘羑里似面切

𣵀 歠也从㳄厂聲讀若移以支切

盜 私利物也从㳄㳄欲皿者徒到切

文四　重二

旡 歙食气屰不得息曰旡从反欠凡旡之屬皆从旡 居未切今變隸作旡

旡 古文旡 𣄨 屰惡驚詞也从旡咼聲讀若楚人名多夥乎果切 𣄴 事有不善言𣄴也爾雅𣄴薄也从旡京聲臣鉉等曰今俗隸書作亮力讓切

文三　重一

說文解字第八下

頊徐本同鍇改从小徐作𩠐是也

頁篆譌當作𦣻儿徐本不誤

說文解字弟九上　漢太尉祭酒許慎記

銀青光祿大夫守右散騎常侍上柱國東海縣開國子食邑五百戶臣徐鉉等奉

敕校定

四十六部　四百九十六文　重六十三

凡七千二百四十七字

文三十八新附

頁　頭也从𦣻从儿古文䭫首如此凡頁之屬皆从頁𦣻者䭫首字也胡結切

頭　首也从頁豆聲度侯切　顏　眉目之閒也从頁彥聲五姦切　𩕳　籀文　頌　皃也从頁公聲余封切又似用切　額　籀文　頊　顱也从頁乇聲徒谷切　顱　頊顱首骨也从頁盧聲洛乎切　⿰睘頁　頭頂也从頁睘聲魚怨切　顛

貫孫本作賞是也

頜孫本作顄是也

顆顛孫本作顛顛毛本作顚顚

八頭孫本同毛本作大頭是也

頂也从頁眞聲都秊切 頂顚也从頁丁聲都挺切 𩠑或从貫作 𩕊籒文从鼎 顙頟也从頁桑聲蘇朗切

題頟也从頁是聲杜兮切 頟顙也从頁各聲臣鉉等曰今俗作額五陌切 頞鼻莖也从頁安聲烏割切 𩓣或从鼻曷

頯權也从頁𡗞聲渠追切 頰面旁也从頁夾聲古叶切 𩑛籒文頰 𩓈頰後也从頁皀聲古恨切 頜顄也从頁合聲胡感切 顄頤也从頁函聲胡男切 頸頭莖也从頁巠聲居郢切 領項也从頁令聲良郢切 項頭後也从頁工聲胡講切 ⿰冘頁項枕也从頁冘聲章衽切 顀出頟也从頁隹聲直追切 ⿰不頁曲頤也从頁不聲薄回切 顩䶑皃从頁僉聲魚檢切 ⿰尹頁面目不正皃从頁尹聲余準切 頵頭頵頵大也从頁君聲於倫切 ⿰員頁面色顆顛皃从頁員聲讀若隕于閔切 ⿰兼頁頭頰長也从頁兼聲五咸切 碩頭大也从頁石聲常隻切 頒大頭也从頁分聲一曰鬢也詩曰有頒其首布還切

顒大頭也从頁禺聲詩曰其大有顒魚容切 ⿰羔頁大頭也从頁羔聲口幺切 顝大頭也从頁骨聲讀若魁苦骨切 願八頭也从頁原聲魚怨切 顤高長頭从頁堯聲五弔切 ⿰敖頁贅顤高也从頁敖聲五到切 ⿰岳頁面前岳岳也从頁岳聲五角切

⿰𦣞頁昧前也从頁𦣞聲讀若昧莫佩切 ⿰霝頁面瘦淺𩕊顤也从頁霝聲郎丁切 顡頭蔽顡也从頁豙聲五怪切 頿

活孫本作括是也廣韻下括切

羽孫本作翩是也

棞頭也从頁元聲五還切 ⿰枝頁 小頭⿰枝頁⿰枝頁也从頁枝聲讀若規又己恚切 顆 小頭也从頁果聲苦惰切 頢 短面也从頁𠯑聲五活切又

下活切 頲 狹頭頲也从頁廷聲他挺切 頠 頭閑習也从頁危聲語委切 頷 面黃也从頁含聲胡感切 ⿰爰頁 面不

正也从頁爰聲于反切 頍 舉頭也从頁支聲詩曰有頍者弁丘弭切 ⿰𠬸頁 內頭水中也从頁𠬸𠬸亦聲烏沒切 顧 還視

也从頁雇聲古慕切 順 理也从頁从巛食閏切 ⿰㐱頁 顏色㐱粦愼事也从頁㐱聲之忍切 ⿰粦頁 㐱粦也从頁粦聲一曰頭

少髮良刃切 顓 頭顓顓謹皃从頁耑聲職緣切 頊 頭頊頊謹皃从頁王聲許玉切 顉 低頭也从頁金聲春秋傳曰迎于門

顉之而已五感切 頓 下首也从頁屯聲都困切 頫 低頭也从頁逃省太史卜書頫仰字如此楊雄曰人面頫臣鉉等曰頫首者逃亡之皃故从逃省

今俗作俯非是方矩切 俛 頫或从人免 頣 舉目視人皃从頁臣聲式忍切 ⿰善頁 倨視人也从頁善聲旨善切 頡

直項也从頁吉聲胡結切 ⿰出頁 頭頡⿰出頁也从頁出聲讀又若骨之出切 顥 白皃从頁从景楚詞曰天白顥顥南山四顥白首人也臣鉉等曰景

日月之光明白也胡老切 ⿰樊頁 大醜皃从頁樊聲附袁切 ⿰爭頁 好皃从頁爭聲詩所謂⿰爭頁首疾正切 頨 頭妍也从頁翩省聲讀若翩

臣鉉等曰从翩聲又讀若翩則是古今異音也王矩切 顗 謹莊皃从頁豈聲魚豈切 顅 頭鬢少髮也从頁肩聲周禮數目顅脰苦閒切

張孫本作猥是也

顫篆譌孫本作[illegible]是也

頪篆譌孫本作[illegible]是也

山孫本作也是也

顐 無髮也一曰耳門也从頁圂聲苦昆切 䫘 禿也从頁气聲苦骨切 頛 頭不正也从頁从耒耒頭傾也讀又若春秋陳夏齧之齧盧對切 顊 傾首也从頁卑聲匹米切 䫣 司人也一曰恐也从頁契聲讀若禊胡計切 𩕳 頭不正也从頁鬼聲口張切 頗 頭偏也从頁皮聲滂禾切 頄 顫也从頁尤聲于救切 疣 頄或从疒 顫 頭不正也从頁亶聲之繕切 顑 飯不飽面黃起行也从頁咸聲讀若戇下感切下坎二切 顲 面顑顲皃从頁㐭聲盧感切 煩 熱頭痛也从頁从火一曰焚省聲附袁切 顡 癡不聰明也从頁豪聲五怪切 頪 難曉也从頁米一曰鮮白皃从粉省 臣鉉等曰難曉亦不聰之義盧對切 顦 顦顇也从頁焦聲昨焦切 顇 顦顇也从頁卒聲秦醉切 䫒 繫頭殟山从頁昏聲莫奔切 頦 醜也从頁亥聲戶來切 䫏 醜也从頁其聲今逐疫有䫏頭去其切 籲 呼也从頁籥聲讀與籥同商書曰率籲衆戚羊戍切 顯 頭明飾也从頁㬎聲 臣鉉等曰㬎古以爲顯字故从㬎聲呼典切 顨 選具也从二頁士戀切

文九十三 重八

預 安也案經典通用豫从頁未詳羊洳切

文一 新附

百 頭也象形凡百之屬皆从百 書九切

脜 面和也。从百从肉。讀若柔。耳由切 文二

面 顏前也。从百，象人面形。凡面之屬皆从面。彌箭切

靦 面見也。从面、見，見亦聲。詩曰：有靦面目。他典切 䩄 或从旦。 酺 頰也。从面甫聲。符遇切 𩈉 面焦枯小也。从面、焦。即消切

文四 重一

靨 姿也。从面厭聲。於叶切 文一 新附

丏 不見也。象壅蔽之形。凡丏之屬皆从丏。彌兗切 文一

首 百同。古文百也。巛象髮，謂之鬊，鬊即巛也。凡首之屬皆从首。書九切

𩠐 下首也。从首旨聲。康禮切 𩠑 截也。从首从斷。大丸切 剸 或从刀專聲

文三 重一

𥄉 到首也。賈侍中說此斷首到縣𥄉字。凡𥄉之

清孫本作涓是也

修篆譌孫本作𢒪是也

鳥孫本同當作息

清孫本同段疑當作青小徐無

弓孫本同當作弓

屬皆从県 古堯切

縣 繫也从系持県臣鉉等曰此本是縣挂之縣借爲州縣之縣今俗加心別作懸義無所取胡清切

文二

須 面毛也从頁从彡凡須之屬皆从須 臣鉉等曰此本須鬢之須頁首也彡毛飾也借爲所須之須俗書从水非是相俞切

頾 口上須也从須此聲臣鉉等曰今俗別作髭非是即移切

𩓦 頰須也从須从冄冄亦聲臣鉉等曰今俗別作髯非是汝鹽切

顐 須髮半白也从須卑聲府移切

𩕄 短須髮皃从須否聲敷悲切

文五

彡 毛飾畫文也象形凡彡之屬皆从彡 所銜切

形 象形也从彡幵聲戶經切

㐱 稠髮也从彡从人詩曰㐱髮如雲之忍切

鬒 㐱或从髟真聲

修 飾也从彡攸聲鳥流切

彰 文彰也从彡从章章亦聲諸良切

彫 琢文也从彡周聲都僚切

𢒓 清飾也从彡青聲疾郢切

㣎 細文也从彡㣎省聲莫卜切

弱 橈也上象橈曲彡象毛氂橈弱也弱物并故从二弓而勺切

文九 重一

彩 文章也从彡采聲倉宰切

文一 新附

彣 戫也从彡从文凡彣之屬皆从彣 無分切

彥 美士有文人所言也从彣厂聲魚變切

文二

文 錯畫也象交文凡文之屬皆从文 無分切

斐 分別文也从文非聲易曰君子豹變其文斐也敷尾切

辬 駁文也从文辡聲布還切

𢻰 微畫也从文𠩺聲里之切

文四

髟 長髮猋猋也从長从彡凡髟之屬皆从髟 必凋切又所銜切

髮 根也从髟犮聲方伐切

𩠐 髮或从首

𩑶 古文

鬢 頰髮也从髟賓聲必刃切

鬗 髮長也从髟㒼聲讀若蔓母官切

𩯭 髮長也从髟監聲讀若春秋黑肱以濫來奔魯甘切

䰈 髮好也从髟差千可切

鬈 髮好也从髟卷聲詩曰其人美且鬈衢員切

髦 髮也从髟从毛莫袍切

𩯔 髮皃从髟臱省聲讀若宀莫賢切

𩭞 髮多也从髟周

髮古文孫本作頿是也

𩯭肴是奚諸孫本作鬢是也

差下毛本有聲字是也

今孫本作令是也
髳孫本作髳是也
截孫本同當作𢧵
⿱髟次从彖譌孫本同當从藤本作⿱髟次
次孫本作次是也
髻孫本作結
昔孫本作茸是也
⿱髟剔孫本作鬄亦誤毛本及小徐作髶是也
人孫本同毛本作兒是也
⿱髟彔从彖譌當作⿱髟彔孫本亦誤

聲直由切䰅髮皃从髟爾聲讀若江南謂酢母爲䰅奴礼切⿱髟咅髮皃从髟咅聲步矛切⿱髟敄髮至眉也从髟敄聲
詩曰紞彼兩髳亡牢切髳髳或省漢今有髳長鬋女鬢垂皃从髟前聲作踐切鬑鬋也一曰長皃从髟兼聲讀若慊
力鹽切⿱髟截束髮少也从髟截聲子結切鬄髲也从髟易聲先彳切又大計切髢鬄或从也聲髲鬄也
从髟皮聲平義切⿱髟次用梳比也从髟次聲七四切髺潔髮也从髟昏聲古活切⿱髟般臥結也从髟般聲讀若槃薄官切⿱髟付
髻也从髟付聲方遇切⿱髟莫帶結飾也从髟莫聲莫駕切⿱髟貴屈髮也从髟貴聲丘媿切⿱髟介簪結也从髟介聲古拜切鬣髮鬣
鬣也从髟巤聲良涉切⿰毛巤鬣或从毛⿰豕巤或从豕⿱髟盧鬣也从髟盧聲洛乎切髴髴若似也从髟弗聲敷勿切髶亂髮
也从髟茸省聲而容切䯼髮隋也从髟隋省直追切鬊鬢髮也从髟春聲舒閏切鬜鬢禿也从髟間聲苦閑切⿱髟剔鬄髮也从髟
从刀易聲他歷切髡鬄髮也从髟兀聲苦昆切髨或从元鬀鬄髮也从髟弟聲大人曰髡小人曰鬀盡及身毛曰鬄臣鉉等曰今俗
別作剃非是他計切⿱髟盇⿱髟彖也从髟盇聲蒲浪切⿱髟彔髴也忽見也从髟彔聲彔籀文魅亦忽見意芳未切髽喪結禮女子髽衰弔
則不髽魯臧武仲與齊戰于狐始魯人迎喪者始髽从髟坐聲莊華切

文三十八　重六

此葉乃後世鈔補者非宋本也

鬐 馬鬣也从髟耆聲渠脂切 髫 小兒垂結也从髟召聲徒聊切 髻 總髮也从髟吉聲古通用結古詣切 鬟 總髮也从髟睘聲案古婦人首飾琢玉爲兩環此二字皆後人所加戶關切

文四 新附

后 繼體君也象人之形施令以告四方故厂之从一口發號者君后也凡后之屬皆从后 胡口切

㖃 厚怒聲从口后后亦聲呼后切

司 臣司事於外者从反后凡司之屬皆从司 息茲切

詞 意內而言外也从司从言似茲切

卮 圜器也一名觛所以節飲食象人卪在其下也易曰君子節飲食凡卮之屬皆从卮 章移切

䏿 小卮有耳蓋者从卮專聲市流切 䐶 小卮也从卮耑聲讀若捶擊之捶旨流切

文三

二流字孫本皆作沇是也

卪 瑞信也守國者用玉卪守都鄙者用角卪使山邦者用虎卪土邦者用人卪澤邦者用龍卪門關者用符卪貨賄用璽卪道路用旌卪象相合之形凡卪之屬皆从卪 子結切

令 發號也从亼卪徐鍇曰號令者集而爲之卪制也力正切 𠨍 輔信也从卪比聲虞書曰𠨍成五服 毗必切 卶 有大度也从卪多聲讀若侈充豉切 𠨘 宰之也从卪必聲兵媚切 卲 高也从卪召聲寔照切 㔾 科厄木節也从卪厂聲賈侍中說以爲厄裹也一曰厄蓋也臣鉉等曰厂非聲未詳五果切 厀 脛頭卪也从卪桼聲臣鉉等曰今俗作膝非是息七切 卷 厀曲也从卪𢍏聲居轉切 卻 節欲也从卪谷聲去約切 卸 舍車解馬也从卪止午讀若汝南人寫書之寫臣鉉等曰午馬也故从午司夜切 𠨐 二卪也巽从此闕士戀切 𠬛 卪也闕側候切

文十三

印 執政所持信也从爪从卪凡印之屬皆从印 於刃切

𠨍篆譌孫本作𠨍是也

色篆譌孫本作色是也

辟篆譌孫本作辟是也

𠨍 按也从反印於棘切 抑 俗从手 文二 重一

色 顏气也从人从卩凡色之屬皆从色 所力切

𢒪 古文 艴 色艴如也从色弗聲論語曰色艴如也蒲沒切 艵 縹色也从色并聲普丁切 文三 重一

卯 事之制也从卩𠂎凡卯之屬皆从卯闕 去京切

卿 章也六卿天官冢宰地官司徒春官宗伯夏官司馬秋官司寇冬官司空从卯皀聲去京切 文二

辟 法也从卩从辛節制其辠也从口用法者也 凡辟之屬皆从辟 必益切

𨐨 治也从辟从井周書曰我之不𨐨必益切 ⿰辟乂 治也从辟乂聲虞書曰有能俾乂魚廢切 文三

勹 裹也象人曲形有所包裹凡勹之屬皆从勹 布交切

𠣛 曲脊也从勹䈞省聲巨六切 匍 手行也从勹甫聲簿乎切 匐 伏地也从勹畐聲蒲北切 匊 在手曰匊从勹

聲孫本同毛本作𦣜是也

市孫本作帀是也

市孫本作帀是也

米臣鉉等曰今俗作掬非是居六切　少也从勹二羊倫切　聚也从勹九聲讀若鳩居求切　徧也十日為旬从勹日詳

遵切　古文　覆也从勹覆人薄皓切　聲也从勹凶聲許容切　匈或从肉　市徧

也从勹舟聲職流切　市也从勹从合合亦聲侯閤切　飽也从勹𣪊聲民祭祀曰厭匓已又切又乙廄切　重也从勹復聲扶

富切　或省彳　高墳也从勹豕聲知隴切

文十五　重三

象人裹妊巳在中象子未成形也元气起於

子子人所生也男左行三十女右行二十俱立

於巳巳為夫婦裹妊於巳巳為子十月而生男起

巳至寅女起巳至申故男秊始寅女秊始申

也凡包之屬皆从包布交切

兒生裹也从肉从包匹交切　瓠也从包从夸聲包取其可包藏物也薄交切

文三

茍 自急敕也从羊省从包省从口口猶慎言也从羊羊與義善美同意凡茍之屬皆从茍 己力切

𦍒 古文羊不省 敬 肅也从攴茍 居慶切

文二 重一

鬼 人所歸爲鬼从人象鬼頭鬼陰气賊害从厶凡鬼之屬皆从鬼 居偉切

𩲡 古文从示 䰠 神也从鬼申聲 食鄰切 魂 陽气也从鬼云聲 戶昆切 魄 陰神也从鬼白聲 普百切 䰡 厲鬼也从鬼失聲 丑利切 魖 秏鬼也从鬼虛聲 朽居切 魃 旱鬼也从鬼犮聲周禮有赤魃氏除牆屋之物也詩曰旱魃爲虐 蒲撥切 鬽 老精物也从鬼彡彡鬼毛 密秘切 魅 或从未聲 𤣥 古文 𩲣 籀文从彖首从尾省聲 鬾 鬼服也一曰小兒鬼从鬼支聲韓詩傳曰鄭交甫逢二女鬾服 奇寄切 䰧 鬼皃从鬼虎聲 虎烏切 𩴀 鬼俗也从鬼幾聲淮南傳曰吳人鬼越人𩴀 居衣切 䰭 鬼鬼聲䰭䰭不止也从鬼需聲 奴豆切 𩲸 鬼變也从鬼化聲 呼駕切 𩴆 見鬼驚詞从鬼難省聲讀若詩受福不儺 諾何切

麻孫本作麻是也

由孫本作甶是也

衺孫本作衺是也

多孫本同當作[illegible]厶

羑下从多[illegible]古本亦[illegible]作[illegible]此誤

切 ⿰鬼賓 鬼皃从鬼賓聲符眞切 醜 可惡也从鬼酉聲昌九切 魋 神獸也从鬼隹聲杜回切 文十七 重四

魑 鬼屬从鬼从离离亦聲丑知切 魔 鬼也从鬼麻聲莫波切 魘 寢驚也从鬼厭聲於琰切 文三 新附

甶 鬼頭也象形凡甶之屬皆从甶 敷勿切

畏 惡也从甶虎省鬼頭而虎爪可畏也於胃切 𤰞 古文省 禺 母猴屬頭似鬼从甶从禸牛具切 文三 重一

厶 姦衺也韓非曰蒼頡作字自營爲厶凡厶之屬皆从厶 息夷切

篡 屰而奪取曰篡从厶算聲初官切 羑 相訹呼也从厶从羑與久切 誘 或从言秀 䛻 或如此

羑 古文 臣鉉等案羊部有羑 羑進善也此古文重出 文三 重三

嵬 高不平也从山鬼聲凡嵬之屬皆从嵬 五灰切

巍 高也从嵬委聲牛威切 臣鉉等曰今人省山从爲魏國之魏語韋切 文二

說文解字弟九上

九字下右側孫本有下字是也

嶷篆譌孫本作嶷是也

𡵒篆譌孫本作𡵒是也

他孫本作池是也

說文解字第九　漢太尉祭酒許氏記

銀青光祿大夫守右散騎常侍上柱國東海縣開國子食邑五百戶臣徐　鉉　等奉

勅校定

山 宣也宣气散生萬物有石而高象形凡山之屬皆从山 所閒切

嶽 東岱南霍西華北恒中泰室王者之所以巡狩所至从山獄聲五角切 𡶳 古文象高形 岱 太山也从山代聲徒耐切 島 海中往往有山可依止曰島从山鳥聲讀若詩曰蔦與女蘿都晧切 峱 山在齊地从山狃聲詩曰遭我于峱之閒兮奴刀切 嶧 葛嶧山在東海下邳从山睪聲夏書曰嶧陽孤桐羊益切 嵎 封嵎之山在吳楚之閒汪芒之國从山禺聲噳俱切 嶷 九嶷山舜所葬在零陵營道从山疑聲語其切 𡺎 山在蜀湔氐西徼外从山㪔聲武巾切 𡵒 山也或曰弱水之所出从山几聲居履切 巀 巀嶭山在馮翊他陽从山𢧵聲才葛切 嶭 巀嶭山也从山辥聲五葛切 崋 山在弘農華陰从山𠌶省聲胡化切 崞

骨王本同當作脊

崒篆譌孫本作崒是也

惰孫本同周校云當作墯

嶭孫本作嶭是也

山在鴈門从山𦎧聲古博切 崵 崵山在遼西从山昜聲一曰嵎鐵崵谷也與章切 岵 山有草木也从山古聲詩曰陟彼岵兮侯古切

屺 山無草木也从山己聲詩曰陟彼屺兮墟里切 嶨 山多大石也从山學省聲胡角切 嶅 山多小石也从山敖聲五交切

岨 石戴土也从山且聲詩曰陟彼岨矣七余切 岡 山骨也从山网聲古郎切 岑 山小而高从山今聲鉏箴切 崟 山之岑崟也从山金聲魚音切

崒 崒危高也从山卒聲醉綏切 巒 山小而銳从山䜌聲洛官切 密 山如堂者从山宓聲美畢切 岫 山穴也从山由聲似又切 𡶴 籀文从穴

⿱山陖 高也从山陖聲私閏切 峻 ⿱山陖或省 嶞 山之嶞嶞者从山从隋省聲讀若相推落之憜徒果切 嶘 尤高也从山棧聲士限切

𡹞 山短高也从山屈聲衢勿切 𡾊 巍高也从山蠆聲讀若厲力制切 峯 山耑也从山夆聲敷容切

巖 岸也从山嚴聲五緘切 嵒 山巖也从山品讀若吟臣鉉等曰从品象巖厓連屬之形五咸切 ⿱山𢇁 嶭也从山𢇁聲岦落摂切

嶵 山皃从山辠聲徂賄切 峼 山皃一曰山名从山告聲古到切 ⿰山隓 山皃从山隓聲徒果切臣鉉等案隓與嶞同嶞本亦音徒果切則是隓兼有此音

嵯 山皃从山差聲昨何切 峨 嵯峨也从山我聲五何切 崝 嶸也从山青聲臣鉉等曰今俗別作崢非是七耕切

嶸 崝嶸也从山榮聲戶萌切 ⿱山巠 谷也从山巠聲戶經切 崩 山壞也从山朋聲北滕切 𡸋 古文

隹下段補聲字是也
嶠巢譌據本作嶠是也
欺[illegible]據本作歁是也

从𨸏

岪 山脅道也从山弗聲敷勿切 嶅 山名从山敖聲云遇切 嶢 焦嶢山高皃从山堯聲古僚切 峻 山陖也从

山戕聲慈良切 嵏 九嵏山在馮翊谷口从山㚇聲子紅切 岊 陬隅高山之節从山从卩子結切 崇 嵬高也从山宗聲鉏弓切

崔 大高也从山隹昨回切

文五十三　重四

嶙 嶙峋深崖皃从山粦聲力珍切 峋 嶙峋也从山旬聲相倫切 岌 山高皃从山及聲魚汲切 嶠 山銳而高也从山喬

聲古通用喬渠廟切 嵌 山深皃从山欺省聲口銜切 嶼 島也从山與聲徐呂切 嶺 山道也从山領聲良郢切 嵐 山名

从山葻省聲盧含切 嵩 中岳嵩高山也从山从高亦从松韋昭國語注云古通用崇字息弓切 崑 崑崙山名从山昆聲漢書揚雄文通用昆

侖古渾切 崙 崑崙也从山侖聲盧昆切 嵇 山名从山稽省聲奚氏避難特造此字非古胡雞切

文十二　新附

屾 二山也凡屾之屬皆从屾 所臻切

㟝 會稽山一曰九江當㟝也民以辛壬癸甲之日嫁娶从屾余聲虞書曰予娶㟝山同都切

文二

屵 岸高也从山厂厂亦聲凡屵之屬皆从屵 五葛切

饗孫本作饗是也
庠篆譌孫本作庠是也
枝孫本作校是也
庭篆譌孫本作庭是也
用孫本作甫是也
虜孫本同當作虜
庫孫本作車是也

岸 水厓而高者从屵干聲五旰切 崖 高邊也从屵圭聲五佳切 ⿱山⿸厂隹 高也从屵隹聲都回切 嶏 崩也从屵肥聲符鄙切 ⿱山⿸厂配 崩聲从屵配聲讀若費蒲沒切

文六

广 因广爲屋象對刺高屋之形凡广之屬皆从广讀若儼然之儼魚儉切

府 文書藏也从广付聲臣鉉等曰今藏腑字俗書从肉非是方矩切 廱 天子饗飲辟廱从广雝聲於容切 庠 禮官養老夏曰枝殷曰庠周曰序从广羊聲似陽切 廬 寄也秋冬去春夏居从广盧聲力居切 庭 宮中也从广廷聲特丁切 廇 中庭也从广留聲力救切 庉 樓牆也从广屯聲徒損切 庌 廡也从广牙聲周禮曰夏庌馬五下切 廡 堂下周屋从广無聲文用切 𢊁 籒文从舞 ⿸广虜 廡也从广虜聲讀若鹵郎古切 庖 廚也从广包聲薄交切 廚 庖屋也从广尌聲直誅切 庫 兵庫藏也从車在广下苦故切 廏 馬舍也从广𣪘聲周禮曰馬有二百十四匹爲廏廏有僕夫居又切 ⿸广九 古文从九 序 東西牆也从广予聲徐呂切 廦 牆也从广辟聲比激切 廣 殿之大屋也从广黃聲古晃切 廥 芻稾之藏从广會聲古外切

庾篆譌孫本同當作庾

入孫本作八是也

㢒篆譌孫本作㢒是也

庮孫本同當作庮

庾 水漕倉也从广臾聲一曰倉無屋者以主切 屏 蔽也从广并聲必郢切 廁 清也从广則聲初吏切 廛 一畝半一家之居从广里八土直連切 㡾 屋牝瓦下一曰維綱也从广閔省聲讀若環戶關切 ⿸广悤 屋階中會也从广悤聲倉紅切 㢋 廣也从广侈聲春秋國語曰俠溝而㢋我尺氏切 廉 仄也从广兼聲力兼切 㢒 開張屋也从广秅聲濟陰有㢒縣宅加切 龐 高屋也从广龍聲薄江切 底 山居也一曰下也从广氐聲都礼切 㡯 礙止也从广至聲陟栗切 廮 安止也从广嬰聲鉅鹿有廮陶縣於郢切 𢇺 舍也从广犮聲詩曰召伯所𢇺蒲撥切 庳 中伏舍从广卑聲一曰屋庳或讀若逋便俾切 庇 蔭也从广比聲必至切 庶 屋下衆也从广炗炗古文光字臣鉉等曰光亦衆盛也商署切 庤 儲置屋下也从广寺聲直里切 廙 行屋也从广異聲與職切 廔 屋麗廔也从广婁聲一曰種也洛侯切 ⿸广隹 屋从上傾下也从广隹聲都回切 廢 屋頓也从广發聲方肺切 庮 久屋朽木从广酉聲周禮曰牛夜鳴則庮臭如朽木與久切 廑 少劣之居从广堇聲巨斤切 廟 尊先祖皃也从广朝聲眉召切 庿 古文 ⿸广且 人相依⿸广且也从广且聲子余切 ⿸广曷 屋迫也从广曷聲於歇切 㡿 卻屋也从广屰聲昌石切 廞 陳輿服於庭也从广欽聲讀若歆許今切 廫 空虛也从广膠聲臣鉉等曰今別作寥非是洛蕭切

玄孫本同當作亙

斬孫本作軌是也

文四十九　重三

廈　屋也从广夏聲朝雅切　廊　東西序也从广郎聲漢書通用郎魯當切　廂　廊也从广相聲息良切　庪　祭山曰庪縣从广技聲過委切　庱　地名从广未詳丑拼切　廖　人姓从广未詳當是省廫字尔力救切　文六　新附

厂　山石之厓巖人可居象形凡厂之屬皆从厂　呼旱切

厈　籀文从干　厓　山邊也从厂圭聲五佳切　厜　厜㕒山顛也从厂垂聲姊宜切　㕒　厜㕒也从厂義聲魚爲切　厳　崟也一曰地名从厂敢聲魚音切　厬　仄出泉也从厂晷聲讀若斬居洧切　厎　柔石也从厂氐聲職雉切　砥　厎或从石　厥　發石也从厂欮聲俱月切　厲　旱石也从厂蠆省聲力制切　厲　或不省　厱　厱諸治玉石也从厂僉聲讀若藍魯甘切　厤　治也从厂秝聲郎擊切　𠩺　石利也从厂異聲讀若枲胥里切　𠪂　美石也从厂古聲侯古切　厗　唐厗石也从厂犀省聲杜兮切　㕇　石聲也从厂立聲盧荅切　𠩈　石地惡也从厂兒聲五歷切　𠪋　石地也从厂金聲讀若紟巨今切　𠩞　石閒見从厂甫聲讀若敷芳無切　厝　厲石也从厂昔聲詩曰他山之石可以爲厝倉各切又七互切　厖　石大也从厂尨聲莫江切　屵　岸上見也从厂从之省讀若躍

以灼切 ⿸厂夾 辟也从厂夾聲胡甲切 仄 側傾也从人在厂下阻力切 ⿸厂夨 籀文从夨夨亦聲 ⿸厂辟 仄也从厂辟聲普擊切

厞 隱也从厂非聲扶沸切 厭 笮也从厂猒聲一曰合也於輒切又一琰切 厃 仰也从人在厂上一曰屋梠也秦謂之桷齊謂之

厃魚毁切

文二十七 重四

丸 圜傾側而轉者从反仄凡丸之屬皆从丸胡官切

⿰咼丸 鷙鳥食已吐其皮毛如丸从丸咼聲讀若骫於跪切 ⿰而丸 丸之孰也从丸而聲奴禾切 ⿰皮丸 闕芳萬切

文四

危 在高而懼也从厃自卪止之凡危之屬皆从危魚爲切

⿰危支 ⿰危支嘔也从危支聲去其切

文二

石 山石也在厂之下口象形凡石之屬皆从石常隻切

礦 銅鐵樸石也从石黃聲讀若穬古猛切 卝 古文礦周禮有卝人 碭 文石也从石昜聲徒浪切 碝 石次

厲孫本作厲是也
碬易先生校云大小徐同碬
嚴朱王均云應是碬之誤
[illegible]下小徐本有下有[illegible]字
若孫本同當作苦
若孫本同當作苦
[illegible]下小徐本[illegible]
[illegible]
碞居易議孫本同當作碞
虡孫本作虡均誤當作虡

玉者从石耎聲而沇切
砮 石可以爲矢鏃从石奴聲夏書曰梁州貢砮丹春秋國語曰肅愼氏貢楛矢石砮乃都切
礜 毒石也出漢中从石與聲羊茹切
碣 特立之石東海有碣石山从石曷聲渠列切
𥓙 古文
磏 厲石也一曰赤色从石兼聲讀若鎌力鹽切
碬 厲石也从石叚聲春秋傳曰鄭公孫碬字子石乎加切
礫 小石也从石樂聲郎擊切
⿰石巩 水邊石从石巩聲春秋傳曰闕鞏之甲居竦切
磧 水陼有石者从石責聲七迹切
碑 豎石也从石卑聲府眉切
䃍 陊也从石㒸聲徒對切
磒 落也从石員聲春秋傳曰磒石于宋五于敏切
⿰石炙 碎石隕聲从石炙聲所責切
硞 石聲从石告聲若角切
硠 石聲从石良聲魯當切
礐 石聲从石學省聲胡角切
硈 石堅也从石吉聲一曰突也格八切
磕 石聲从石盍聲口太切又若盍切
硻 餘堅者从石堅省口莖切
磿 石聲也从石厤聲郎擊切
磛 礹石也从石斬聲鉏銜切
礹 石山也从石嚴聲五銜切
礊 堅也从石毄聲楷革切
确 磬石也从石角聲臣鉉等曰今俗作確非是胡角切
⿰石㱿 确或从㱿
磽 磐石也从石堯聲口交切
硪 石巖也从石我聲五何切
碞 磛碞也从石品周書曰畏于民碞讀與巖同臣鉉等曰从品與碞同意五銜切
磬 樂石也从石殸象縣虡之形殳擊之也古者母句氏作磬苦定切
殸 籀文省
硜 古文从巠
礙 止也从石疑聲五溉切
⿰石折 上摘山巖空青珊瑚

剌孫本同當作刺
影孫本同藤花榭本作廉

隓之从石折聲周禮曰有硩蔟氏丑列切 硟以石扞繒也从石延聲又戰切 碎䃺也从石卒聲蘇對切 破石碎也从石皮聲普過切 礱䃺也从石龍聲天子之桷椓而礱之盧紅切 研䃺也从石幵聲五堅切 䃺石磑也从石靡聲模臥切 磑䃺也从石豈聲古者公輸班作磑五對切 碓舂也从石隹聲都隊切 䂿舂已復擣之曰䂿从石沓聲徒合切 磻以石箸惟繁也从石番聲博禾切 磭斫也从石箸聲張略切 硯石滑也从石見聲五甸切 砭以石剌病也从石乏聲方影切又方驗切 䃒石也惡也从石鬲聲下革切 砢磊砢也从石可聲來可切 磊衆石也从三石落猥切

文四十九 重五

礪䃺也从石厲聲經典通用厲力制切 碏左氏傳衛大夫石碏唐韻云敬也从石未詳昔聲七削切 磯大石激水也从石幾聲居衣切 碌石皃从石彔聲盧谷切 砧石柎也从石占聲知林切 砌階甃也从石切聲千計切 礩柱下石也从石質聲之日切 礎礩也从石楚聲創舉切 硾擣也从石垂聲直類切

文九 新附

長久遠也从兀从匕兀者高遠意也久則變化亾聲𠂆者倒亾也凡長之屬皆从長臣鉉等曰倒亾不亡也長久之義也直良切

長 古文長 𠑿 亦古文長 肆 極陳也从長隶聲息利切 镻 或从髟 镾 久長也从長爾聲武夷切

镻 蛇惡毒長也从長失聲徒結切 文四 重三

勿 州里所建旗象其柄有三游雜帛幅半異所以趣民故遽稱勿勿凡勿之屬皆从勿 文弗切

㫚 勿或从㫃 昜 開也从日一勿一曰飛揚一曰長也一曰彊者眾皃與章切 文二 重一

冄 毛冄冄也象形凡冄之屬皆从冄 而琰切 文一

而 頰毛也象毛之形周禮曰作其鱗之而凡而之屬皆从而 臣鉉等曰今俗別作髵非是如之切

耏 罪不至髡也从而从彡奴代切 耐 或从寸諸法度字从寸 文二 重一

豕 彘也竭其尾故謂之豕象毛足而後有尾讀

豛孫本同毛本作豛是也

撅孫本作撅均誤當作撅

豨篆譌孫本作豨是也

與豨同按今世字誤以豕爲彘以彘爲豕何以明之爲啄琢从豕蟸从彘皆取其聲以是明之 臣鉉等曰此語未詳或後人所加 凡豕之屬皆从豕 式視切

豕 古文

豬 豕而三毛叢居者从豕者聲 陟魚切

豰 小豚也从豕㱿聲 步角切

豯 生三月豚腹豯豯皃也从豕奚聲 胡雞切

豵 生六月豚从豕從聲一曰一歲豵尚叢聚也 子紅切

豝 牝豕也从豕巴聲一曰一歲能相把拏也詩曰一發五豝 伯加切

豣 三歲豕肩相及者从豕开聲詩曰並驅从兩豣兮 古賢切

豶 羠豕也从豕賁聲 符分切

豭 牡豕也从豕叚聲 古牙切

豛 上谷名豬豛从豕役省聲 營隻切

䝏 豶也从豕隋聲 臣鉉等曰當从隨省 以水切

豤 齧也从豕皀聲 康很切

䝐 豕息也从豕壹聲春秋傳曰生敖及䝐 許利切

豧 豕息也从豕甫聲 芳無切

豢 以穀圈養豕也从豕𢍏聲 胡慣切

豠 豕屬从豕且聲 疾余切

豲 逸也从豕原聲周書曰豲有爪而不敢以撅讀若桓 胡官切

豨 豕走豨豨从豕希聲古有封豨脩虵之害 虛豈切

𧰽 豕絆足行豕豕从豕繫二足 丑六切

豦 鬭相丮不解也从豕虍豕虍之鬭不解也讀若蘮蒘草之蘮司馬相如說豦封豕

㣇下孫本有㣇字是也

說孫本作𦤎是也

發孫本同段校改作廢

之屬一曰虎兩足舉 强魚切 豙 豕怒毛豎一曰殘艾也从豕辛 臣鉉等曰从辛未詳 魚既切 豩 二豕也豳从此闕 伯貧切又呼關切

文二十二 重一

㣇 脩豪獸一曰河內名豕也从彑下象毛足凡㣇之屬皆从㣇讀若弟 羊至切

㣇 籒文 㣇 古文 𧰲 豕屬从㣇昷聲 呼骨切 豪 豕鬣如筆管者出南郡从㣇高聲 乎刀切 豪 籒文从豕

說文从豕 臣鉉等曰今俗别作毫非是 彙 蟲似豪豬者从㣇胃省聲 于貴切 蝟 或从虫 𧰨 㣇屬从二㣇 息利切

𧰨 古文𧰨虞書曰𧰨類于上帝

文五 重五

彑 豕之頭象其鋭而上見也凡彑之屬皆从彑讀若罽 居例切

彘 豕也後蹏發謂之彘从彑矢聲从二匕彘足與鹿足同 直例切 彖 豕也从彑从豕讀若弛 式視切 㣇 豕也从彑

下象其足讀若瑕乎加切

彖 豕走也从彑从豕省通貫切

文五

豚 小豕也从彖省象形从又持肉以給祠祀凡豚之屬皆从豚徒魂切

䐁 篆文从肉豕

⿰豚衛 豚屬从豚衛聲讀若罽于歲切

文二 重一

豸 獸長脊行豸豸然欲有所司殺形凡豸之屬皆从豸池爾切 司殺讀若伺候之伺

豹 似虎圜文从豸勺聲北教切

貙 貙獌似貍者从豸區聲敕俱切

貚 貙屬也从豸單聲徒干切

貔 豹屬出貉國从豸毘聲詩曰獻其貔皮周書曰如虎如貔貔猛獸房脂切

豼 或从比

豺 狼屬狗聲从豸才聲士皆切

貐 貏貐似貙虎爪食人迅走从豸俞聲以主切

貘 似熊而黃黑色出蜀中从豸莫聲莫白切

⿰豸庸 猛獸也从豸庸聲余封切

貜 ⿱犬貜貜也从豸矍聲王縛切

貀 獸無前足从豸出聲漢律能捕豺貀購百錢女滑切

貈 似狐善睡獸从豸舟聲論語曰狐貈之厚以居臣鉉等曰舟非聲未詳下各切

豻胡地野狗从豸干聲五旰切 犴豻或从犬詩曰宜犴宜獄 貂鼠屬大而黃黑出胡丁零國从豸召聲都僚切 貉北方豸種
从豸各聲孔子曰貉之爲言惡也莫白切 貆貉之類从豸亘聲胡官切 貍伏獸似貙从豸里聲里之切 貒獸也从豸耑聲讀若湍
他耑切 貛野豕也从豸雚聲呼官切 貁鼠屬善旋从豸穴聲余救切 文二十 重二
貓貍屬从豸苗聲莫交切 文一 新附
𧰼如野牛而青象形與禽离頭同凡𧰼之屬皆
从𧰼徐姊切
兕古文从儿 文一 重一
易蜥易蝘蜓守宮也象形祕書說日月爲易象
陰陽也一曰从勿凡易之屬皆从易羊益切 文一
象長鼻牙南越大獸三秊一乳象耳牙四足之

此葉乃後世鈔補非宋本

形凡象之屬皆从象徐兩切

豫象之大者賈侍中說不害於物从象予聲羊茹切 古文

說文解字第九下

說文解字弟十上　漢太尉祭酒許愼記

銀青光祿大夫守右散騎常侍上柱國東海縣開國子食邑五百戶臣徐鉉等奉

敕校定

四十部　八百一十文　重八十七

凡萬四字

文三十一新附

馬　怒也武也象馬頭髦尾四足之形凡馬之屬皆从馬莫下切

馬　古文　馬　籀文馬與影同有髦

騭　牡馬也从馬陟聲讀若郅之日切

馬　馬一歲也从馬一絆其足讀若弦一曰若環戶關切

駒　馬二歲曰駒三歲曰駣从馬句聲舉朱切

馬　馬八歲也从馬从八博拔切

䮂　馬一目白曰䮂二目白曰魚从馬閒聲

幹孫本同當作倝

戶間切騏馬青驪文如博棊也从馬其聲渠之切驪馬深黑色从馬麗聲呂支切駽青驪馬从馬肙聲詩曰駜彼
乘駽火玄切騩馬淺黑色从馬鬼聲俱位切騮赤馬黑毛尾也从馬留聲力求切騢馬赤白雜毛从馬叚聲謂色似鰕魚
也乎加切騅馬蒼黑雜毛从馬隹聲職追切駱馬白色黑鬣尾也从馬各聲盧各切駰馬陰白雜毛黑从馬因聲詩曰有駰
有騢於眞切驄馬青白雜毛也从馬悤聲倉紅切驈驪馬白胯也从馬矞聲詩曰有驈有騜食聿切駹馬面顙皆白也从馬
尨聲莫江切騧黃馬黑喙从馬咼聲古華切䯄籀文騧驃黃馬發白色一曰白髦尾也从馬㶾聲毗召切駓
黃馬白毛也从馬丕聲敷悲切驖馬赤黑色从馬𢦔聲詩曰四驖孔阜他結切⿰馬岸馬頭有發赤色者从馬岸聲五旰切馰
馬白額也从馬的省聲一曰駿也易曰爲的顙都歷切駁馬色不純从馬爻聲臣鉉等曰爻非聲疑象駁文北角切馵馬後左足白也从馬二其
足讀若注之戍切驔驪馬黃脊从馬覃聲讀若簟徒玷切驠馬白州也从馬燕聲於甸切騽馬豪骭也从馬習聲似入
切⿰馬倝馬毛長也从馬幹聲侯旰切騛馬逸足也从馬从飛司馬法曰飛衞斯輿甫微切驁駿馬以壬申日死乘馬忌之从
馬敖聲五到切驥千里馬也孫陽所相者从馬冀聲天水有驥縣几利切駿馬之良材者从馬夋聲子峻切驍良馬也从

飽孫本同周校从段云當作肥

駕籒文誤孫本作⿰牛各是也

馬堯聲古堯切 䮔 馬小皃从馬垂聲讀若箠之壘切 𩣡 籒文从𠂹 驕 馬高六尺爲驕从馬喬聲詩曰我馬唯驕一曰野
馬舉喬切 騋 馬七尺爲騋八尺爲龍从馬來聲詩曰騋牝驪牡洛哀切 驩 馬名从馬雚聲呼官切 驗 馬名从馬僉聲魚窆切 ⿰馬此
馬名从馬此聲雌氏切 ⿰馬休 馬名从馬休聲許尤切 馼 馬赤鬣縞身目若黃金名曰䮅吉皇之乘周文王時犬戎獻之从馬从文文亦聲春秋
傳曰䮅馬百駟畫馬也西伯獻紂以全其身無分切 馶 馬彊也从馬支聲章移切 駜 馬飽也从馬必聲詩云有駜有駜駜彼乘切 駫 馬盛
肥也从馬光聲詩曰四牡駫駫古熒切 騯 馬盛也从馬旁聲詩曰四牡騯騯薄庚切 ⿰馬卬 馬怒皃从馬卬聲吾浪切 驤 馬之低仰也从
馬襄聲息良切 驀 上馬也从馬莫聲莫白切 騎 跨馬也从馬奇聲渠羈切 駕 馬在軛中从馬加聲古訝切 ⿰牛各 籒文
駕 騑 驂旁馬从馬非聲甫微切 駢 駕二馬也从馬并聲部田切 驂 駕三馬也从馬參聲倉含切 駟 一乘也从馬四
聲息利切 駙 副馬也从馬付聲一曰近也一曰疾也符遇切 ⿰馬皆 馬和也从馬皆聲戶皆切 騀 馬搖頭也从馬我聲五可切 駊
駊騀也从馬皮聲普火切 ⿰馬舀 馬行皃从馬舀聲土刀切 篤 馬行頓遲从馬竹聲冬毒切 騤 馬行威儀也从馬癸聲詩曰四牡騤騤渠
追切 ⿱𦥯馬 馬行徐而疾也从馬學省聲於角切 駸 馬行疾也从馬侵省聲詩曰載驟駸駸子林切 馺 馬行相及也从馬从及讀若爾雅

鞫孫本同當作鞠

小山馺大山峘蘇荅切

馮 馬行疾也从馬仌聲臣鉉等曰本音皮冰切經典通用爲依馮之馮今別作憑非是房戎切

⿰馬耴 馬步疾也从馬耴聲尼輒切

騃 馬行仡仡也从馬矣聲五駭切

驟 馬疾步也从馬聚聲鉏又切

⿰馬匃 馬疾走也从馬匃聲古達切

颿 馬疾步也从馬風聲臣鉉等曰舟船之颿本用此字今別作帆非是符嚴切

驅 馬馳也从馬區聲豈俱切

敺 古文驅从攴

馳 大驅也从馬也聲直离切

騖 亂馳也从馬敄聲亡遇切

⿰馬劦 次弟馳也从馬劦聲力制切

騁 直馳也从馬甹聲丑郢切

駾 馬行疾來皃从馬兌聲詩曰昆夷駾矣他外切

⿰馬失 馬有疾足从馬失聲大結切

駻 馬突也从馬旱聲矦旰切

駧 馳馬洞去也从馬同聲徒弄切

驚 馬駭也从馬敬聲舉卿切

駭 驚也从馬亥聲矦楷切

⿰馬巟 馬奔也从馬巟聲呼光切

騫 馬腹縶也从馬寒省聲去虔切

駐 馬立也从馬主聲中句切

馴 馬順也从馬川聲詳遵切

駗 馬載重難也从馬㐱聲張人切

驙 駗驙也从馬亶聲易曰乘馬驙如張連切

驇 馬重皃从馬執聲陟利切

⿰馬鞫 馬曲脊也从馬鞫聲巨六切

騬 犗馬也从馬乘聲食陵切

⿰馬介 系馬尾也从馬介聲古拜切

騷 擾也一曰摩馬从馬蚤聲穌遭切

馽 絆馬也从馬口其足春秋傳曰韓厥執馽前讀若輒陟立切

縶 馽或从糸執聲

駘 馬銜脫也从馬台聲徒哀切

駔 牡馬也从馬且聲一曰馬蹲駔也子朗切

駉據本作駧是也

廌 廌[illegible]之部之字首[illegible]
[illegible]大徐本均作豸小徐本則
作豸擬王又上草是目之橫
亦目上是角形目不宜缺左被
[illegible]

廄御也从馬芻聲側鳩切 驛 置騎也从馬睪聲羊益切 馹 驛傳也从馬日聲人質切 騰 傳也从馬朕聲一曰騰犗馬也徒登切 䮤 苑名一曰馬白額从馬隺聲下各切 駉 牧馬苑也从馬冋聲詩曰在駉之野古熒切 駪 馬衆多皃从馬先聲所臻切 駮 獸如馬倨牙食虎豹从馬交聲北角切 駃 駃騠馬父贏子也从馬夬聲臣鉉等曰今俗與快同用古穴切 騠 駃騠也从馬是聲杜兮切 驘 驢父馬母从馬𦝠聲洛戈切 騾 或从𧷢 驢 似馬長耳从馬盧聲力居切 [馬冡] 驢子也从馬冡聲莫紅切 驒 驒騱野馬也从馬單聲一曰青驪白鱗文如鼉魚代何切 騱 驒騱馬也从馬奚聲胡雞切 騊 騊駼北野之良馬从馬匋聲徒刀切 駼 騊駼也从馬余聲同都切 驫 衆馬也从三馬甫虯切

文一百十五 重八

駛 疾也从馬吏聲疏吏切 駥 馬高八尺从馬戎聲如融切 騣 馬鬣也从馬㚇聲子紅切 馱 負物也从馬大聲此俗語也唐佐切 騂 馬赤色也从馬觲省聲息營切

文五 新附

廌 解廌獸也似山牛一角古者決訟令觸不直象形从豸省凡廌之屬皆从廌宅買切

尺孫本作凡是也

角孫本同當作其

⿸廌孝 解廌屬从廌孝聲闕古孝切 薦 獸之所食艸从廌从艸古者神人以廌遺黄帝帝曰何食何處曰食薦夏處水澤冬處松柏作甸切 灋 刑也平之如水从水廌所以觸不直者去之从去方乏切 法 今文省 𠊧 古文

文四　重二

鹿 獸也象頭角四足之形鳥鹿足相似从匕尺鹿之屬皆从鹿 盧谷切

麚 牡鹿从鹿叚聲以夏至解角角古牙切 麟 大牝鹿也从鹿粦聲力珍切 䴈 鹿麛也从鹿耎聲讀若偄弱之偄奴亂切 ⿸鹿速 鹿迹也从鹿速聲桑谷切 麛 鹿子也从鹿弭聲莫兮切 麉 鹿之絕有力者从鹿幵聲古賢切 麒 仁獸也麇身牛尾一角从鹿其聲渠之切 麐 牝麒也从鹿吝聲力珍切 麋 鹿屬从鹿米聲麋冬至解其角武悲切 麎 牝麋也从鹿辰聲植鄰切 ⿸鹿旨 大麋也狗足从鹿旨聲居履切 麂 或从几 麇 麞也从鹿囷省聲居筠切 麕 籀文不省

麞 麇屬从鹿章聲諸良切 麔 麋牡者从鹿咎聲其久切 麠 大鹿也牛尾一角从鹿畺聲舉卿切 麖

麈王篆譌當作麈孫本亦誤
生孫本作主是也

篆孫本同毛本亦作从巤

或从京 麃 麠屬从鹿要省聲 薄交切 麈 麋屬从鹿主聲 之庾切 麑 狻麑獸也从鹿兒聲 五雞切 麙

山羊而大者細角从鹿咸聲 胡毚切 麢 大羊而細角从鹿霝聲 郎丁切 ⿸鹿圭 鹿屬从鹿圭聲 古攜切 麝 如小麋臍有香

从鹿䠶聲 神夜切 ⿸鹿與 似鹿而大也从鹿與聲 羊茹切 麗 旅行也鹿之性見食急則必旅行从鹿丽聲禮麗皮納聘蓋鹿皮也

郎計切 丽 古文 丽 篆文麗字 麀 牝鹿也从鹿从牝省 於虯切 麀 或从幽聲

文二十六 重六

麤 行超遠也从三鹿凡麤之屬皆从麤 倉胡切

𪋻 鹿行揚土也从麤从土 直珍切 塵 籀文

文二 重一

㲋 獸也似兔青色而大象形頭與兔同足與

鹿同凡㲋之屬皆从㲋 丑略切

㲋 篆文 毚 狻兔也兔之駿者从㲋兔 士咸切 𪋼 獸名从㲋吾聲讀若寫 司夜切 𤟹 獸也似牲牲从㲋夬聲 古穴切

文四　重一

兔　獸名象踞後其尾形兔頭與㲋頭同凡兔之屬皆从兔　湯故切

逸　失也从辵兔兔謾訑善逃也　夷質切

冤　屈也从兔从冂兔在冂下不得走益屈折也　於袁切

娩　兔子也娩疾也从女兔　芳萬切

𡕧　疾也从三兔闕　芳遇切

文五

⿰夋兔　狡兔也从兔夋聲　七旬切

文一　新附

莧　山羊細角者从兔足苜聲凡莧之屬皆从莧讀若丸寬字从此　臣鉉等曰苜徒結切非聲疑象形　胡官切

文一

犬　狗之有縣蹏者也象形孔子曰視犬之字如畫狗也凡犬之屬皆从犬　苦泫切

豙孫本作喙是也
闃孫本作闃是也

狗孔子曰狗叩也叩气吠以守从犬句聲古厚切獀南越名犬獿獀从犬叜聲所鳩切尨犬之多毛者从犬从彡詩曰無
使尨也吠莫江切狡少狗也从犬交聲匈奴地有狡犬巨口而黑身古巧切獪狡獪也从犬會聲古外切⿰犭農
犬惡毛也从犬農聲奴刀切猲短喙犬也从犬曷聲詩曰載獫猲獢爾雅曰短喙犬謂之猲獢許謁切獢猲獢也从犬喬聲許嬌切獫
長豙犬一曰黑犬黃頭从犬僉聲虛檢切㹢黃犬黑頭从犬主聲讀若注之戍切猈短脛狗从犬卑聲薄蟹切猗犗犬也从
犬奇聲於離切狊犬視皃从犬目古闃切⿰犭音竇中犬聲从犬从音音亦聲乙咸切默犬暫逐人也从犬黑聲讀若墨莫北切
猝犬从艸暴出逐人也从犬卒聲麤沒切猩猩猩犬吠聲从犬星聲桑經切⿰犭兼犬吠不止也从犬兼聲讀若檻一曰兩犬爭
也胡黯切⿰犭敢小犬吠从犬敢聲南陽新亭有⿰犭敢鄉荒檻切猥犬吠聲从犬畏聲烏賄切獿獿獿也从犬夒聲女交切
⿰犭翏犬獿獿咳吠也从犬翏聲火包切⿰犭參犬容頭進也从犬參聲一曰賊疾也山檻切獎嗾犬厲之也从犬將省聲即兩切
⿰犭𡕢齧也从犬𡕢聲初版切⿰犭冊惡健犬也从犬刪省聲所晏切狠吠鬭聲从犬艮聲五還切⿰犭番犬鬭聲从犬番聲附
袁切狋犬怒皃从犬示聲一曰犬難得代郡有狋氏縣讀又若銀語其切⿰犭斤犬吠聲从犬斤聲語斤切獡犬獡獡不附人

盈孫本同當作鋤廣韻鉏亮切
要孫本作妄是也
時孫本作甲是也
切當作巳孫本亦誤
少孫本作丿是也
友孫本作犮是也
照孫本作昭是也

也从犬曷聲南楚謂相驚曰猲讀若憩式略切 獷 犬獷獷不可附也从犬廣聲漁陽有獷平縣古猛切 狀 犬形也从犬爿聲盈亮切 奘
要彊犬也从犬从壯壯亦聲徂朗切 獒 犬如人心可使者从犬敖聲春秋傳曰公嗾夫獒五牢切 獳 怒犬皃从犬需聲讀若耨奴豆切又
乃侯切 狧 犬食也从犬从舌讀若比目魚鰈之鰈他合切 狎 犬可習也从犬甲聲胡時切 狃 犬性驕也从犬丑聲女久切
犯 侵也从犬切聲防險切 猜 恨賊也从犬青聲倉才切 猛 健犬也从犬孟聲莫杏切 犺 健犬也从犬亢聲苦浪切
㹤 多畏也从犬去聲去劫切 怯 杜林說㹤从心 獜 健也从犬粦聲詩曰盧獜獜力珍切 獧 疾跳也一曰急也从犬瞏
聲古縣切 倏 走也从犬攸聲讀若叔式竹切 狟 犬行也从犬亘聲周書曰尚狟狟胡官切 犻 過弗取也从犬市聲讀若孛蒲没切
⿰犭易 犬張耳皃从犬易聲陟革切 猌 犬張齗怒也从犬來聲讀又若銀魚僅切 犮 走犬皃从犬而少之世其足則剌友也蒲撥切
戾 曲也从犬出戶下戾者身曲戾也郎計切 獨 犬相得而鬭也从犬蜀聲羊爲羣犬爲獨也一曰北嚻山有獨裕獸如虎白身豕鬣尾
如馬徒谷切 ⿰犭谷 獨裕獸也从犬谷聲余蜀切 獮 秋田也从犬璽聲息淺切 ⿰示豕 獮或从豕宗廟之田也故从豕示 獵
放獵逐禽也从犬巤聲良涉切 獠 獵也从犬尞聲力照切 狩 犬田也从犬守聲易曰明夷于南狩書究切 臭 禽走臭而

曰下條本有自字是也

淫條本作淫是也

狻篆譌條本作狻是也

麑條本作麑是也

虦條本作虦是也

也條本作切是也

犬條本作大是也

玆條本同當作弦

知其迹者犬也从犬从自臣鉉等曰自古鼻字犬走以鼻知臭故从自尺救切

獲 獵所獲也从犬蒦聲胡伯切

獘 頓仆也从犬敝聲春秋傳曰與犬犬獘毗祭切

斃 獘或从死

獻 宗廟犬名羹獻犬肥者以獻之从犬鬳聲許建切

㹮 獟犬也从犬幵聲一曰逐虎犬也五甸切

獟 㹮犬也从犬堯聲五弔切

狾 狂犬也从犬折聲春秋傳曰狾犬入華臣氏之門征例切

狂 狾犬也从犬㞷聲巨王切

㹟 古文从心

類 種類相似唯犬為甚从犬頪聲力遂切

狄 赤狄本犬種狄之為言淫辟也从犬亦省聲徒歷切

狻 狻麑如虦貓食虎豹者从犬夋聲見爾雅素官切

玃 母猴也从犬矍聲爾雅云玃父善顧攫持人也俱縛切

猶 玃屬从犬酋聲一曰隴西謂犬子為猷以周切

狙 玃屬从犬且聲一曰狙犬也暫齧人者一曰犬不齧人也親去切

猴 夒也从犬侯聲乎溝切

㺃 犬屬䐓已上黃䐓已下黑食母猴从犬殸聲讀若構或曰穀似牂羊出蜀比囂山中犬首而馬尾火屋切

狼 似犬銳頭白頰高前廣後从犬良聲魯當切

狛 如狼善驅羊从犬白聲讀若蘗寧嚴讀之若淺泊匹各切

獌 狼屬从犬曼聲爾雅曰貙獌似貍舞販切

狐 䄏獸也鬼所乘之有三德其色中和小前大後死則丘首从犬瓜聲戶吳切

獺 如小狗也水居食魚从犬賴聲他達切

猵 獺屬从犬扁聲布玆切

獱 或从賓

猋 犬走皃从三犬甫遙切

文八十三　重五

⿰鼠令孫本作⿰鼠平是也

狘 獸走皃从犬戉聲許月切 ⿰犭韋 獸名从犬韋聲許韋切 狷 褊急也从犬肙聲古縣切 猰 猰貐獸名从犬契聲烏黠切

文四 新附

㹜 兩犬相齧也从二犬凡㹜之屬皆从㹜 語斤切

⿲犭臣犬 司空也从㹜臣聲復說獄司空息茲切 獄 确也从㹜从言二犬所以守也魚欲切

文三

鼠 穴蟲之總名也象形凡鼠之屬皆从鼠 書呂切

⿰鼠番 鼠也从鼠番聲讀若樊或曰鼠婦附袁切 ⿰鼠各 鼠出胡地皮可作裘从鼠各聲下各切 鼢 地行鼠伯勞所作也一曰偃鼠从鼠分聲芳吻切 蚡 或从虫分 ⿰鼠平 ⿰鼠令令鼠从鼠平聲薄經切 鼶 鼠也从鼠虒聲息移切 ⿰鼠丣 竹鼠也如犬从鼠留省聲力求切 鼫 五技鼠也能飛不能過屋能緣不能窮木能游不能渡谷能穴不能掩身能走不能先人从鼠石聲常隻切 鼨 豹文鼠也从鼠冬聲職戎切 ⿰鼠冬 籀文省 ⿰鼠益 鼠屬从鼠益聲於革切 ⿰豸益 或从豸 鼷 小鼠也从鼠奚聲胡雞切

累孫本作男是也

⿰虫鼠孫本作⿰胡鼠是也

鼩　精鼩鼠也从鼠句聲其俱切

鼸　䶌也从鼠兼聲丘檢切

⿰鼠今　鼠屬从鼠今聲讀若含胡累切

鼬　如鼠赤黃而大食鼠者从鼠由聲余救切

⿰鼠勺　胡地風鼠从鼠勺聲之若切

⿰鼠冗　鼠屬从鼠冗聲而隴切

⿰鼠此　鼠从鼠此聲即移切

鼲　鼠出丁零胡皮可作裘从鼠軍聲乎昆切

⿰鼠胡　斬⿰虫鼠鼠黑身白腰若帶手有長白毛似握版之狀類蝯蜼之屬从鼠胡聲戶吴切

文二十　重三

能　熊屬足似鹿从肉㠯聲能獸堅中故稱賢能而彊壯稱能傑也凡能之屬皆从能　臣鉉等曰㠯非聲疑皆象形　奴登切

文一

熊　獸似豕山居冬蟄从能炎省聲凡熊之屬皆从熊　羽弓切

羆　如熊黃白文从熊罷省聲彼爲切　⿰能皮　古文从皮

文二　重一

且孫本作旦是也
燬篆譌孫本作燬是也
龡孫本作炊籥均誤當作炊龠
昚昚孫本同當作昚昚
𤎅孫本作𤎅是也
𡙇孫本作𡙇是也
愽孫本作悖是也
熮篆譌孫本作熮是也

火 燬也南方之行炎而上象形凡火之屬皆从火 呼果切

炟 上諱 臣鉉等曰漢章帝名也唐韻曰火起也从火且聲當割切

焜 火也从火尾聲詩曰王室如焜許偉切

燬 火也从火毀聲春秋傳曰衞侯燬許偉切

燹 火也从火豩聲穌典切

焌 然火也从火夋聲周禮曰遂龡其焌焌火在前以焞焯龜子寸切又倉聿切

尞 柴祭天也从火从昚昚古文慎字祭天所以慎也力照切

然 燒也从火肰聲臣鉉等曰今俗別作燃蓋後人增加如延切

䕼 或从艸難臣鉉等案艸部有䕼注云艸也此重出

爇 燒也从火蓺聲春秋傳曰爇僖負羈 臣鉉等曰說文無蓺字當从火从艸熱省聲如劣切

燔 爇也从火番聲附袁切

燒 爇也从火堯聲式昭切

烈 火猛也从火𠛱聲良辥切

炪 火光也从火出聲商書曰予亦炪謀讀若巧拙之拙職悅切

熚 熚𤎅火皃从火畢聲卑吉切

𤎅 熚𤎅也从火𡙇聲𡙇籀文愽字敷勿切

烝 火气上行也从火丞聲煮仍切

烰 烝也从火孚聲詩曰烝之烰烰縛牟切

煦 烝也一曰赤皃一曰溫潤也从火昫聲香句切

熯 乾皃从火漢省聲詩曰我孔熯矣人善切

炥 火皃从火弗聲普活切

熮 火皃从火翏聲逸周書曰味辛而不熮洛蕭切

焛 火皃从火閵省

迴孫本同當作迥

敖孫本同當作熬

聲讀若粦 良刃切 㷳 火色也从火雁聲讀若鴈 五晏切 熲 火光也从火頃聲 古迥切 爚 火飛也从火龠聲 一曰爇也 以灼切

熛 火飛也从火𤏁聲讀若摽 甫遙切 熇 火熱也从火高聲詩曰多將熇熇 臣鉉等曰高非聲當从嗃省 火屋切 烄 交木然也

从火交聲 古巧切 𤇾 小熱也从火干聲詩曰憂心𤇾𤇾 臣鉉等曰干非聲未詳 直廉切 燋 所以然持火也从火焦聲周禮曰以明火爇

燋也 即消切 炭 燒木餘也从火岸省聲 他案切 𤆃 束炭也从火差省聲讀若齹 楚宜切 㶿 交灼木也从火教省聲讀若狡 古巧切

炦 火气也从火犮聲 蒲撥切 灰 死火餘𤏳也从火从又 又手也 火既滅可以執持 呼恢切 炱 灰炱煤也从火台聲 徒哀切 煨

盆中火从火畏聲 烏灰切 熄 畜火也从火息聲 亦曰滅火 相即切 烓 行竈也从火圭聲 讀若冋 口迴切 煁 烓也从火甚聲 氏

任切 燀 炊也从火單聲春秋傳曰燀之以薪 充善切 炊 爨也从火吹省聲 昌垂切 烘 尞也从火共聲詩曰卬烘于煁 呼東切

齌 炊餔疾也从火齊聲 在詣切 熹 炙也从火喜聲 許其切 煎 熬也从火前聲 子仙切 熬 乾煎也从火敖聲 五牢切

𪍊 敖或从麥 炮 毛炙肉也从火包聲 薄交切 㶶 炮肉以微火溫肉也从火衣聲 烏痕切 𤐫 置魚筩中炙也从火曾

聲 作滕切 𤒆 以火乾肉从火稫聲 臣鉉等案說文無稫字當从𥢶省 疑傳寫之誤 符逼切 𤒆 籒文不省 爆 灼也从火暴聲

蕑孫本同當作閒
案孫本同段从小徐作接

刀孫本作力是也

𤒦篆譌孫本作𤒦是也

蒲木切臣鉉等曰今俗音豹火裂也 煬 炙燥也从火昜聲余亮切 㸌 灼也从火隺聲胡沃切 爤 孰也从火蘭聲郎旰切 燗

或从閒 爢 爛也从火靡聲靡為切 尉 从上案下也从𡰣又持火以尉申繒也臣鉉等曰今俗別作熨非是於胃切 𤓯 灼龜

不兆也从火从龜春秋傳曰龜𤓯不非讀若焦即消切 灸 灼也从火久聲舉友切 灼 炙也从火勺聲之若切 煉 鑠冶金也从火柬聲

郎電切 燭 庭燎火燭也从火蜀聲之欲切 熜 然麻蒸也从火悤聲作孔切 灺 燭妻也从火也聲徐野切 𤇹 火餘也从

火聿聲一曰薪也臣鉉等曰聿非聲疑从𦘒省今俗別作燼非是徐刃切 焠 堅刀刃也从火卒聲七內切 煣 屈申木也从火柔柔亦聲人

又切 燓 燒田也从火棥棥亦聲附袁切 熑 火煣車網絕也从火兼聲周禮曰煣牙外不熑力鹽切 燎 放火也从火尞聲力小切

𤐫 火飛也从火㒼與䙴同意方昭切 𤒦 焦也从火曹聲作曹切 𤎺 火所傷也从火雥聲即消切 焦 或省 烖 天火曰烖

从火𢦏聲祖才切 灾 或从宀火 𤆎 古文从才 災 籀文从𢀠 煙 火气也从火垔聲烏前切 烟 或从因

𡧮 古文 䆴 籀文从宀 焆 焆焆煙皃从火肙聲因悅切 熅 鬱煙也从火𥁕聲於云切 焥 望火皃从

火皀聲讀若馰顙之馰都歷切 燂 火熱也从火覃聲火甘切又徐鹽切 焞 明也从火𦎫聲春秋傳曰焞燿天地他昆切

煒下墨識據本作煒是也

熠據本同當作熠

燿據本同毛本作爓

似據本同當作姒
滅據本同當作威

炳 明也从火丙聲兵永切 焯 明也从火卓聲周書曰焯見三有俊心之若切 照 明也从火昭聲之少切 煒 盛赤也从火韋聲詩曰彤管有煒于鬼切 炵 盛火也从火从多昌氏切 熠 盛光也从火習聲詩曰熠熠宵行羊入切 煜 熠也从火昱聲余六切 燿 照也从火翟聲弋笑切 煇 光也从火軍聲況韋切 煌 煌煇也从火皇聲胡光切 焜 煌也从火昆聲孤本切 炯 光也从火同聲古迥切 爗 盛也从火曅聲詩曰爗爗震電筠輒切 爓 火門也从火閻聲余廉切 炫 爓燿也从火玄聲胡畎切 光 明也从火在人上光明意也古皇切 炗 古文 艾 古文 熱 溫也从火埶聲如列切 熾 盛也从火戠聲昌志切 㷂 古文熾 燠 熱在中也从火奥聲烏到切 煖 溫也从火爰聲況袁切 煗 溫也从火耎聲乃管切 炅 見也从火日古迥切 炕 乾也从火亢聲苦浪切 燥 乾也从火喿聲穌到切 威 滅也从火戌火死於戌陽氣至戌而盡詩曰赫赫宗周褒似滅之許劣切 焅 旱气也从火告聲苦沃切 燾 溥覆照也从火壽聲徒到切 爟 取火於日官名舉火曰爟周禮曰司爟掌行火之政令从火雚聲古玩切 烜 或从亘 𤎼 燧候表也邊有警則舉火从火逢聲敷容切 爝 苣火祓也从火爵聲呂不韋曰湯得伊尹爝以爟火釁以犧豭子肖切 熭 暴乾火也从火彗聲于歲切 熙 燥也从火巸聲許其切

乞孫本作气是也

燅篆譌孫本作燅是也

文一百一十二　重十五

爞　旱乞也从火蟲聲直弓切　煽　熾盛也从火扇聲式戰切　烙　灼也从火各聲盧各切　爍　灼爍光也从火樂聲書藥切

燦　燦爛明瀞皃从火粲聲倉案切　煥　火光也从火奐聲呼貫切

文六　新附

炎　火光上也从重火凡炎之屬皆从炎于廉切

燄　火行微燄燄也从炎臽聲以冉切　𤐫　火光也从炎舌聲臣鉉等曰舌非聲當从𦧇省以冉切　㷋　侵火也从炎㐭聲讀若桑葚之葚力荏切　煔　火行也从炎占聲舒贍切　燅　於湯中爚肉从炎从熱省徐鹽切　燅　或从炙　燮　大熟也从又持炎辛辛者物熟味也蘇俠切　粦　兵死及牛馬之血爲粦粦鬼火也从炎舛良刃切徐鍇曰案博物志戰鬭死亡之處有人馬血積中爲粦著地入艸木如霜露不可見有觸者著人體後有光拂拭即散無數又有吒聲如鬻豆舛者人足也言光行著人　文八　重一

黑　火所熏之色也从炎上出㗊㗊古窻字凡黑之屬皆从黑呼北切

黸篆譌孫本作黸是也
平孫本作乎是也
申孫本同段从小徐作中
琜孫本作琰是也
且孫本作旦是也

切孫本同當作胡
黨篆譌孫本作黨是也
徙孫本同當作徒
哂孫本同毛本作色是也
者孫本作式是也

黸 齊謂黑爲黸从黑盧聲洛平切 ⿰黑會 沃黑色从黑會聲惡外切 黯 深黑也从黑音聲乙減切 黶 申黑也从黑厭
聲於琜切 黳 小黑子从黑殹聲烏雞切 ⿰黑旦 白而有黑也从黑旦聲五原有莫黫縣當割切 黬 雖晳而黑也从黑箴聲
古人名黬字晳古咸切 ⿰黑易 赤黑也从黑易聲讀若煬餘亮切 黲 淺青黑也从黑參聲七感切 黤 青黑也从黑奄聲
於檻切 黝 微青黑色从黑幼聲爾雅曰地謂之黝於糾切 黗 黃濁黑从黑屯聲他衮切 點 小黑也从黑占聲多忝切
黚 淺黃黑也从黑甘聲讀若染繒中束緅黚巨淹切 ⿰黑金 黃黑也从黑金聲古咸切 黦 黑有文也从黑冤聲讀若飴盌字於月切
⿰黑算 黃黑而白也从黑算聲一曰短黑讀若以芥爲齏名曰芥荃也初刮切 ⿰黑幵 黑皴也从黑幵聲古典切 黠 堅黑也从黑吉
聲切八切 黔 黎也从黑今聲秦謂民爲黔首謂黑色也周謂之黎民易曰爲黔喙巨淹切 黕 滓垢也从黑冘聲都感切 黨 不鮮也从黑
尚聲多朗切 黷 握持垢也从黑賣聲易曰再三黷徒谷切 黵 天污也从黑詹聲當敢切 黴 中久雨青黑从黑微省聲
武悲切 黜 貶下也从黑出聲丑律切 䵢 䵢嫺下哂从黑般聲薄官切 黱 畫眉也从黑朕聲徙耐切 儵 青黑繒縫
白色也从黑佊聲式者切 ⿰黑或 羔文之縫从黑或聲于逼切 ⿰黑殿 黫謂之垽垽滓也从黑殿省聲堂練切 黮 桑葚之黑也从黑甚

聲他感切黭果實黭黯黑也从黑弇聲烏感切黥墨刑在面也从黑京聲渠京切⿰黑刀黥或从刀⿰黑敢⿰黑敢者忘而息也从黑敢聲於檻切黟黑木也从黑多聲丹陽有黟縣烏鷄切

文三十七　重二

說文解字第十上

此下二葉皆後世鈔補非宋本也

說文解字弟十下　漢太尉祭酒許慎記

銀青光祿大夫守右散騎常侍上柱國東海縣開國子食邑五百戶臣徐鉉等奉

敕校定

囪 在牆曰牖在屋曰囪象形凡囪之屬皆从囪 楚江切

窗 或从穴 㒸 古文 悤 多遽悤悤也从心囪囪亦聲倉紅切

文二　重二

焱 火華也从三火凡焱之屬皆从焱 以冄切

熒 屋下燈燭之光从焱冂 戶扃切

燊 盛皃从焱在木上讀若詩曰莘莘征夫一曰役也所臻切

文三

炙 炮肉也从肉在火上凡炙之屬皆从炙 之石切

𤎬 籀文

䄶 宗廟火孰肉从炙番聲春秋傳曰天子有事䄶焉以饋同姓諸侯附袁切

𤎫 炙也从炙尞聲讀若䝤燎 力照切

文三　重一

𧹛篆譌孫本作[?]是也
𧹛孫本作[?]是也
赧孫本同當作赧
棠孫本作棠是也
棗孫本同當作朿朿
大孫本同小徐本作人

赤 南方色也从大从火凡赤之屬皆从赤昌石切

烾 古文从炎土 赨 赤色也从赤蟲省聲徒冬切 𧹛 日出之赤从赤穀省聲火沃切 赧 面慙赤也从赤𠬝聲周失天下於赧王女版切 䞓 赤色也从赤巠聲詩曰魴魚䞓尾敕貞切 赬 䞓或从貞 𧹈 或从丁 浾 棠棗之汁或从水 泟 浾或从正 赭 赤土也从赤者聲之也切 𧹞 赤色也从赤倝聲讀若浣胡玩切 赫 火赤皃从二赤聲呼格切

文八　重五

赩 大赤也从赤色色亦聲許力切 赮 赤色也从赤叚聲乎加切

文二 新附

大 天大地大人亦大故大象人形古文大也他達切

凡大之屬皆从大徒蓋切

奎 兩髀之間从大圭聲苦圭切 夾 持也从大俠二人古狎切 奄 覆也大有餘也又欠也从大从申申展也依檢切 夸 奢也从大于聲苦瓜切 𡘋 奢𡘋也从大亘聲胡官切 㚃 窊大也从大瓜聲烏瓜切 奯 空大也从大歲聲讀若詩施

濊濊當从毛詩衛風碩人作濊濊

拜孫本作冄是也

吴古文孫本作[illegible]

揚孫本作揚是也

曰孫本作着是也

罛濊濊呼括切 ⿱戜大 大也从大戜聲讀若詩戜戜大猷直質切 奅 大也从大卯聲匹貌切 ⿱大云 大也从大云聲魚吻切 奃 大也从大氐聲讀若氐都兮切 㚎 大也从大介聲讀若蓋古拜切 ⿱大此 瞋大也从大此聲火戒切 ⿱大弗 大也从大弗聲讀若予違汝弼房密切 ⿱大屯 大也从大屯聲讀若鶉常倫切 契 大約也从大从㓞易曰後代聖人易之以書契苦計切 夷 平也从大从弓東方之人也以脂切

文十八

亦 人之臂亦也从大象兩亦之形凡亦之屬皆从亦

臣鉉等曰今別作腋非是羊益切

夾 盜竊褱物也从亦有所持俗謂蔽人俾夾是也弘農陜字从此失拜切

文二

夨 傾頭也从大象形凡夨之屬皆从夨阻力切

⿱吉夨 頭傾也从夨吉聲讀若孑古屑切 奊 頭衺骫奊態也从夨圭聲胡結切 吳 姓也亦郡也一曰吳大言也从夨口五乎切 徐鍇曰大言故夨口以出聲詩曰不吳不揚今寫詩曰改吳作吴又音乎化切其謬甚矣 [illegible] 古文如此

文四 重一

聲應在有字下孫本無

尢孫本作尢是也
𡯂篆譌孫本作規是也

郎徼誤當作郎

夭屈也从大象形凡夭之屬皆从夭於兆切

喬高而曲也从夭从高省詩曰南有喬木聲巨嬌切

幸吉而免凶也从屰从夭夭死之事故死謂之不幸胡耿切

奔走也从夭賁省聲與走同意俱从夭博昆切

文四

交交脛也从大象交形凡交之屬皆从交古爻切

㚃褭也从交韋聲羽非切

絞縊也从交从糸古巧切

文三

尢𡯁曲脛也从大象偏曲之形凡尢之屬皆从尢烏光切

尪古文从㞷

尳厀病也从尢从骨骨亦聲戶骨切

𡯁蹇也从尢皮聲布火切

𡯌𡯌𡯌行不正从尢左聲則箇切

𡯂行不正也从尢㞷聲讀若燿弋笑切

尲不正也从尢兼聲古咸切

尬尲尬也从尢介聲公八切又古拜切

尥行脛相交也从尢勺聲牛行脚相交爲尥力弔切

𡰪𡰪不能行爲人所引曰𡰪𡰪从尢从爪是聲都兮切

𡰹𡰪𡰹也从尢从爪巂聲戶圭切

𡯄𡰪股也从尢于聲乙于切

𡰸厀中病也从尢从羸郎果切

文十二　重一

司廣韻引作伺
文孫本作攴是也
耗廣韻同孫本作号

壺 昆吾圜器也象形从大象其蓋也凡壺之屬皆从壺 戶吳切

壹 壹壹也从凶从壺不得泄凶也易曰天地壹壹 於云切

文二

壹 專壹也从壺吉聲凡壹之屬皆从壹 於悉切

懿 嫥久而美也从壹从恣省聲 乙冀切

文二

幸 所以驚人也从大从羊一曰大聲也凡幸之屬皆从幸一曰讀若瓠一曰俗語以盜不止為幸 幸讀若籋 尼輒切

睪 司視也从橫目从幸令吏將目捕罪人也 羊益切

執 捕罪人也从丮从幸 幸亦聲 之入切

圉 囹圄所以拘罪人从幸从口一曰圉垂也一曰圉人掌馬者 魚舉切

盩 引擊也从幸攴見血也扶風有盩厔縣 張流切

報 當罪人也从幸从𠬝 𠬝服罪也 博耗切

奏篆譌據本作奏是也

切 䈞 窮理罪人也从㚔从人从言竹聲居六切 𥷜 或省言

文七　重一

奢 張也从大者聲凡奢之屬皆从奢 奓 籀文臣鉉等曰今俗作陟加切以為奓厚之奓非是 奲 富奲奲皃从奢單聲丁可切

文二　重一

亢 人頸也从大省象頸脈形凡亢之屬皆从亢古郎切 頏 亢或从頁 𡴨 直項莽𡴨皃从亢从夋夋倨也亢亦聲岡朗切又胡朗切

文二　重一

夲 進趣也从大从十大十猶兼十人也凡夲之屬皆从夲讀若滔土刀切

𡙕 疾也从夲卉聲拜从此呼骨切 暴 疾有所趣也从日出夲廾之薄報切 㚖 進也从夲从屮允聲易曰㚖升大吉余準切

奏 奏進也从夲从𠬞从屮屮上進之義則候切 𡙸 古文 𡙶 亦古文 皋 气皋白之進也从夲从白禮

祖孫本作祝是也

鉉等下當有案字孫本同

乘孫本作乖是也

沉孫本作況是也

盖孫本作蓋廣韻徒蓋切

䀠孫本同段訂作⿱𥃩大

祖曰皋登謌曰奏故皋奏皆从夲周禮曰詔來鼓皋舞皋告之也古勞切

夰放也从大而八分也凡夰之屬皆从夰 古老切 文六 重二

⿱䀠夰舉目驚⿱䀠夰然也从夰从䀠䀠亦聲九遇切

奡嫚也从百从夰夰亦聲虞書曰若丹朱奡讀若傲論語奡湯舟五到切

昦春爲昦天元气昦昦从日夰夰亦聲胡老切

臩驚走也一曰往來也从夰臦周書曰伯臩古文臦古文冏字臣鉉等曰臦居沉切臦猶乘也臦亦聲言古冏字未詳具往切

文五

亣籒文大改古文亦象人形凡大之屬皆从亣 他盖切

奕大也从大亦聲詩曰奕奕梁山羊益切

奘駔大也从大从壯壯亦聲徂朗切

⿱白亣大白澤也从大从白古文以爲澤字古老切

奚大腹也从大𦣻省聲𦣻籒文系字胡雞切

耎稍前大也从大而聲讀若畏偄而沇切

⿱⿴冂罒亣大皃从大⿴冂罒聲或曰拳勇字一曰讀若傿乙獻切

奰壯大也从三大三目二目爲䀠三目爲𥈠益大也一曰迫也讀若易虙羲氏詩曰不醉而怒謂之奰平祕切

文八

夫丈夫也从大一以象簪也周制以八寸爲尺十

尺爲丈人長八尺故曰丈夫凡夫之屬皆从夫 甫無切

規 有法度也从夫从見 居隨切

㚘 竝行也从二夫 輦字从此 讀若伴侶之伴 薄旱切

文三

立 住也从大立一之上 臣鉉等曰大人也一地也會意 凡立之屬皆从立 力入切

䇐 臨也从立从隶 力至切

⿰立臺 磊⿰立臺重聚也从立臺聲 丁罪切

端 直也从立耑聲 多官切

竱 等也从立專聲 春秋傳曰竱本肇末 旨兖切

竦 敬也从立从束 束自申束也 息拱切

竫 亭安也从立爭聲 疾郢切

靖 立竫也从立青聲 一曰細皃 疾郢切

竢 待也从立矣聲 牀史切

⿰立巳 或从巳

竘 健也一曰匠也从立句聲 讀若齲 逸周書有竘匠 丘羽切

竵 不正也从立𠧪聲 火鼃切

竭 負舉也从立曷聲 渠列切

䇓 待也从立須聲 相俞切

⿰立芻 或从芻聲

⿰立羸 痿也从立羸聲 力卧切

竣 偓竣也从立夋聲 國語曰有司已事而竣 七倫切

⿰立彔 見鬼魅皃从立从彔 彔籒文魅字 讀若虙羲氏之虙 房六切

⿰立昔 驚皃从立昔聲 七雀切

⿰立卑 短人立⿰立卑⿰立卑皃从立卑聲 傍下切

竲 北地高樓無屋者从立曾聲 七耕切

文十九 重二

宮孫本作官是也

⿰立彔 段氏謂孫本同 易先生曰應从部首彔作⿰立彔

此字之說段氏見鬽下之古文彔須知古文与小篆兩存之字不盡同且有傳寫之失何得混而一之不意姚嚴二氏校議亦據此爲說而祁氏繫傳校勘記亦辭費今本錢氏述古堂景宋鈔小徐本出于此彔篆仍合部首之形謹請本之治說[illegible]一讀耳 易忠錄

竝 併也从二立凡竝之屬皆从竝 蒲迥切

替 廢一偏下也从竝白聲 他計切 𡗞 或从曰 朁 或从兟从曰臣鉉等曰今俗作替非是 文二 重二

囟 頭會匘蓋也象形凡囟之屬皆从囟 息進切

𦞤 或从肉宰 囟 古文囟字 巤 毛巤也象髮在囟上及毛髮巤巤之形此與籒文子字同 良涉切 毗 人臍也从囟囟取气通也从比聲 房脂切

文三 重二

思 容也从心囟聲凡思之屬皆从思 息茲切

慮 謀思也从思虍聲 良據切

文二

心 人心土藏在身之中象形博士說以爲火藏凡心之屬皆从心 息林切

息 喘也从心从自自亦聲 相即切 情 人之陰气有欲者从心青聲 疾盈切 性 人之陽气性善者也从心生聲 息正切

恉篆譌孫本作恉是也

謹不成字孫本作謹是也

宗孫本同當作甜

志 意也从心之聲職吏切 意 志也从心察言而知意也从心从音於記切 恉 意也从心旨聲職雉切 悳

外得於人内得於巳也从直从心多則切 悳 古文 應 當也从心䧹聲於陵切 慎 謹也从心眞聲時刃切 慎 古文

忠 敬也从心中聲陟弓切 愨 謹也从心㱿聲苦角切 𢡃 美也从心貌聲莫角切 快 喜也从心夬聲苦夬切

愷 樂也从心豈聲臣鉉等曰豈部巳有此重出苦亥切 㥛 快心从心匧聲苦叶切 念 常思也从心今聲奴店切 怤

思也从心付聲甫無切 憲 敏也从心从目害省聲許建切 憕 平也从心登聲直陵切 戁 敬也从心難聲女版切 忻

闓也从心斤聲司馬法曰善者忻民之善閉民之惡許斤切 ⿰忄重 遲也从心重聲直隴切 惲 重厚也从心軍聲於粉切 惇

厚也从心享聲都昆切 忼 慨也从心亢聲一曰易忼龍有悔臣鉉等曰今俗別作慷非是苦浪切又口朗切 慨 忼慨壯士不得志也

从心既聲古溉切 悃 愊也从心困聲苦本切 愊 誠志也从心畐聲芳逼切 愿 謹也从心原聲魚怨切 慧

儇也从心彗聲胡桂切 憭 慧也从心尞聲力小切 恔 憭也从心交聲下交切又古了切 瘱 靜也从心㾜聲臣鉉

等曰㾜非聲未詳於計切 悊 敬也从心折聲陟列切 悰 樂也从心宗聲藏宗切 恬 安也从心宗省聲徒兼切 恢

㥯孫本同當作[illegible]

愻篆譌孫本作[illegible]是也

惟篆譌孫本作[illegible]是也

意孫本作[illegible]是也

恢大也从心灰聲苦回切恭肅也从心共聲俱容切憼敬也从心从敬敬亦聲居影切恕仁也从心如聲商署切㣽古文省怡和也从心台聲與之切慈愛也从心茲聲疾之切忯愛也从心氏聲巨支切㥲低㥲不憂事也从心虒聲讀若移移尔切恮謹也从心全聲此緣切恩惠也从心因聲烏痕切慸高也一曰極也一曰困劣也从心帶聲特計切憖問也謹敬也从心猌聲一曰說也一曰甘也春秋傳曰昊天不憖又曰兩君之士皆未憖魚覲切㦎闊也一曰廣也大也一曰寬也从心从廣廣亦聲苦謗切㤬飾也从心戒聲司馬法曰有虞氏㤬於中國古拜切㥯謹也从心㥯聲於靳切慶行賀人也从心从夂吉禮以鹿皮爲贄故从鹿省丘竟切愃寬嫺心腹皃从心宣聲詩曰赫兮愃兮況晚切愻順也从心孫聲唐書曰五品不愻蘇困切𡫏實也从心塞省聲虞書曰剛而𡫏先則切恂信心也从心旬聲相倫切忱誠也从心冘聲詩曰天命匪忱氏任切惟凡思也从心隹聲以追切懷念思也从心褱聲戶乖切惀欲知之皃从心侖聲盧昆切想冀思也从心相聲息兩切㥶深也从心㒸聲徐醉切慉起也从心畜聲詩曰能不我慉許六切意滿也从心啻聲一曰十萬曰意於力切𢡃籒文省悹憂也从心官聲古玩切憀憀然也从心翏聲洛蕭切愙敬也从心客聲春秋傳曰以

先孫本同當作旡

陳備三愙臣鉉等曰今俗作恪苦各切　𢥞 懼也从心雙省聲春秋傳曰駟氏𢥞息拱切　懼 恐也从心瞿聲其遇切　愳

古文　怙 恃也从心古聲侯古切　恃 賴也从心寺聲時止切　慒 慮也从心曹聲藏宗切　悟 覺也从心吾聲

五故切　⿱五心 古文悟　憮 愛也韓鄭曰憮一曰不動从心無聲文甫切　㤅 惠也从心先聲烏代切　⿰心旡 古文　㥠

知也从心胥聲私呂切　慰 安也从心尉聲一曰恚怒也於胃切　⿱𣪊心 謹也从心𣪊聲讀若毳此芮切　⿱亶心 ⿱竹亶箸也从心⿱竹亶聲

直由切　怞 朗也从心由聲詩曰憂心且怞直又切　㥚 㥚撫也从心某聲讀若侮亡甫切　忞 彊也从心文聲周書

曰在受德忞讀若旻武巾切　慔 勉也从心莫聲莫故切　愐 勉也从心面聲彌殄切　㥏 習也从心曳聲余制切　懋

勉也从心楙聲虞書曰時惟懋哉莫候切　⿱矛心 或省　慕 習也从心莫聲莫故切　悛 止也从心夋聲此緣切　⿰忄隶 肆也

从心隶聲他骨切　懙 趣步懙懙也从心與聲余呂切　慆 說也从心舀聲土刀切　懕 安也从心厭聲詩曰懕懕夜飲

於鹽切　憺 安也从心詹聲徒敢切　怕 無為也从心白聲匹白切又葩亞切　恤 憂也收也从心血聲辛聿切　忓

極也从心干聲古寒切　懽 喜款也从心雚聲爾雅曰懽懽愮愮憂無告也古玩切　㥥 懽也琅邪朱虛有㥥亭从心禺聲噳俱切

以孫本同當作从

𢚁篆譌孫本作𢚁是也

憍孫本作驕是也

春孫本作舂是也

惄飢餓也一曰憂也以心叔聲詩曰惄如朝飢奴歷切 𢚁勞也从心卻聲其虐切 憸憸詖也憸利於上佞人也从心僉聲

息廉切 愒息也从心曷聲臣鉉等曰今別作憩非是去例切 𢢀精戇也从心毳聲千短切 㤸疾利口也从心

从冊詩曰相時㤸民徐鍇曰冊言衆也息廉切 急褊也从心及聲居立切 𢝊憂也从心辡聲一曰急也方沔切 㥛

疾也从心亟聲一曰謹重皃已力切 懁急也从心瞏聲讀若絹古縣切 㤵恨也从心巠聲胡頂切 𢛷急也从心从弦弦亦

聲河南密縣有𢛷亭胡田切 慓疾也从心票聲敷沼切 懦駑弱者也从心需聲人朱切 恁下齎也从心任聲如甚切

𢘅失常也从心代聲他得切 怚驕也从心且聲子去切 悒不安也从心邑聲於汲切 悆忘也嘾也从心余聲周書曰

有疾不悆悆喜也羊茹切 忒更也从心弋聲他得切 憪愉也从心閒聲戶閒切 愉薄也从心俞聲論語曰私覿愉愉如

也羊朱切 懱輕易也从心蔑聲商書曰以相陵懱莫結切 愚戇也从心从禺禺猴屬獸之愚者麌俱切 戇愚也从心

贛聲陟絳切 㥒姦也从心采聲倉宰切 惷愚也从心舂聲丑江切 懝騃也从心从疑疑亦聲一曰惶也五溉切 忮

很也从心支聲之義切 悍勇也从心旱聲侯旰切 態意也从心从能徐鍇曰心能其事然後有態度也他代切 㑷或从人 怪

王孫本作玉是也

一孫本作心是也

異也从心圣聲古壞切 𢡆 放也从心象聲徒朗切 慢 惰也从心曼聲一曰慢不畏也謀晏切 怠 慢也从心台聲徒亥切

懈 怠也从心解聲古隘切 憜 不敬也从心㒩省春秋傳曰執王憜徒果切 惰 憜或省𨸏 㥩 古文

慫 驚也从心從聲讀若悚息拱切 怫 鬱也从心弗聲符弗切 忦 忽也从心介聲孟子曰孝子之心不若是忦呼介切 忽 忘也

从心勿聲呼骨切 忘 不識也从心从亡亡亦聲武方切 㦟 忘也㦟兜也从心㒼聲母官切 恣 縱也从心次聲資四切

愓 放也从心易聲一曰平也徒朗切 憧 意不定也从心童聲尺容切 悝 啁也从一里聲春秋傳有孔悝一曰病也苦回

切 憰 權詐也从心矞聲古穴切 㤮 誤也从心狂聲居況切 怳 狂之皃从心況省聲許往切 恑 變也从心危聲

過委切 ⿰忄巂 有二心也从心巂聲戶圭切 悸 心動也从心季聲其季切 憿 幸也从心敫聲古堯切 懖

善自用之意也从心銛聲商書曰今汝懖懖古活切 [illegible] 古文从耳 忨 貪也从心元聲春秋傳曰忨歲而

愒日五換切 惏 河內之北謂貪曰惏从心林聲盧含切 懜 不明也从心夢聲武亘切 愆 過也从心衍聲去虔切 㥶 或从寒省 𠎝

籀文 慊 疑也从心兼聲戶兼切 惑 亂也从心或聲胡國切 怋 怓也从心民聲呼昆切 怓 亂也从心奴聲詩曰

以謹惽怓女交切
惷 亂也从心春聲春秋傳曰王室曰惷惷焉一曰厚也尺允切
惛 不憭也从心昏聲呼昆切
忥 癡皃从心气聲許既切
⿱衛心 言不慧也从心衛聲千歲切
憒 亂也从心貴聲胡對切
忌 憎惡也从心己聲渠記切
忿 悁也从心分聲敷粉切
悁 忿也从心肙聲一曰憂也於緣切
⿱肙心 籀文
⿱黎心 恨也从心黎聲一曰怠也郎尸切
恚 恨也从心圭聲於避切
怨 恚也从心夗聲於願切
⿱命心 古文
怒 恚也从心奴聲乃故切
憝 怨也从心敦聲周書曰凡民罔不憝徒對切
慍 怒也从心昷聲於問切
惡 過也从心亞聲烏各切
憎 惡也从心曾聲作滕切
怖 恨怒也从心市聲詩曰視我怖怖蒲昧切
忍 怒也从心刀聲讀若顡李陽冰曰刀非聲當从刈省魚既切
⿰忄彖 怨恨也从心彖聲讀若膎臣鉉等曰彖非聲未詳戶佳切
恨 怨也从心艮聲胡艮切
懟 怨也从心對聲丈淚切
悔 悔恨也从心每聲荒內切
⿰忄壴 小怒也从心壴聲充世切
怏 不服懟也从心央聲於亮切
懣 煩也从心从滿莫困切
憤 懣也从心賁聲房吻切
悶 懣也从心門聲莫困切
惆 失意也从心周聲敕鳩切
悵 望恨也从心長聲丑亮切
愾 大息也从心从氣氣亦聲詩曰愾我寤歎許既切
懆 愁不安也从心喿聲詩曰念子懆懆七早切
愴 傷也从心倉聲初亮切
怛 憯也从心

千孫本作于是也

名孫本作咎是也
从孫本同當作久

旦聲。得案切。又當割切。悬 或从心在旦下。詩曰：信誓悬悬。憯 痛也。从心朁聲。七感切。慘 毒也。从心參聲。七感切。
悽 痛也。从心妻聲。七稽切。恫 痛也。一曰呻吟也。从心同聲。他紅切。悲 痛也。从心非聲。府眉切。惻 痛也。从心
則聲。初力切。惜 痛也。从心昔聲。思積切。愍 痛也。从心敃聲。眉殞切。慇 痛也。从心殷聲。於巾切。㥶 痛聲也。从
心依聲。孝經曰：哭不㥶。於豈切。簡 存也。从心簡省聲。讀若簡。古限切。慅 動也。从心蚤聲。一曰起也。穌遭切。感 動人
心也。从心咸聲。古禫切。忧 不動也。从心尤聲。讀若祐。于救切。㤹 怨仇也。从心名聲。其从切。愪 憂皃。从心員聲。王分切。怮
憂皃。从心幼聲。於虯切。忦 憂也。从心介聲。五介切。恙 憂也。从心羊聲。余亮切。惴 憂懼也。从心耑聲。詩曰：惴惴其慄。之瑞切。
[illegible] 憂也。从心鈞聲。常倫切。怲 憂也。从心丙聲。詩曰：憂心怲怲。兵永切。惔 憂也。从心炎聲。詩曰：憂心如惔。徒甘切。
惙 憂也。从心叕聲。詩曰：憂心惙惙。一曰意不定也。陟劣切。慯 憂也。从心殤省聲。式亮切。愁 憂也。从心秋聲。士尤切。
愵 憂皃。从心弱聲。讀與惄同。奴歷切。惂 憂困也。从心臽聲。苦感切。悠 憂也。从心攸聲。以周切。悴 憂也。
从心卒聲。讀與易萃卦同。秦醉切。慁 憂也。从心圂聲。一曰擾也。胡困切。[illegible] 楚潁之閒謂憂曰[illegible]。从心[illegible]聲。力至切。[illegible]

慽篆徵議據本同應作慽

此葉乃後世鈔補非宋本也

于 憂也从心于聲讀若吁況于切 忡 憂也从心中聲詩曰憂心忡忡敕中切 悄 憂也从心肖聲詩曰憂心悄悄親小切 慽 憂也从心戚聲倉歷切 惪 愁也从心从頁徐鍇曰惪形於顏面故从頁於求切 患 憂也从心上貫吅吅亦聲胡丱切 𢝊 古文从關省 𢟙 亦古文患 恇 怯也从心匡匡亦聲去王切 悏 思皃从心夾聲苦叶切 懾 失气也从心聶聲一曰服也之涉切 憚 忌難也从心單聲一曰難也徒案切 悼 懼也陳楚謂懼曰悼从心卓聲臣鉉等曰卓非聲當从罩省徒到切 恐 懼也从心巩聲丘隴切 志 古文 慴 懼也从心習聲讀若疊之涉切 怵 恐也从心术聲丑律切 惕 敬也从心易聲他歷切 悐 或从狄 供 戰慄也从心共聲戶工切又工恐切 核 苦也从心亥聲胡槩切 惶 恐也从心皇聲胡光切 悑 惶也从心甫聲普故切 怖 或从布聲 慹 悑也从心執聲之入切 ⿱毄心 備也从心毄聲苦計切 ⿰𤸰𤰈 𤸰也从心𤰈聲蒲拜切 𤺋 或从疒 惎 毒也从心其聲周書曰來就惎惎渠記切 恥 辱也从心耳聲敕里切 𢘆 青徐謂慙曰𢘆从心典聲他典切 忝 辱也从天心聲他點切 慙 媿也从心斬聲昨甘切 恧 慙也从心而聲女六切 怍 慙也从心作省聲在各切 憐 哀也从心粦聲落賢切 𢝹 泣下也从心連聲易曰泣涕𢝹如力延切 忍 能也从心刃聲而軫切 ⿰忄弭 厲也一曰止也从心弭聲讀

系孫本同當作系

若沔彌究切

㣻 懲也从心乂聲魚肺切 懲 㣻也从心徵聲直陵切 憬 覺寤也从心景聲詩曰憬彼淮夷俱永切

文二百六十三　重二十二

慵 嬾也从心庸聲蜀容切 悱 口悱悱也从心非聲敷尾切 怩 忸怩慙也从心尼聲女夷切 惉 惉懘煩聲也从心沾聲尺詹切 懘 惉懘也从心滯聲尺制切 懇 悃也从心豤聲康很切 忖 度也从心寸聲倉本切 怊 悲也从心召聲敕宵切 慟 大哭也从心動聲徒弄切 惹 亂也从心若聲人者切 恰 用心也从心合聲苦狹切 悌 善兄弟也从心弟聲經典通用弟特計切 懌 說也从心睪聲經典通用釋羊益切

文十三 新附

惢 心疑也从三心凡惢之屬皆从惢讀若易旅瑣瑣 又才規才果二切

繠 垂也从惢系聲如壘切

文二

說文解字第十下

說文解字弟十一上　漢太尉祭酒許慎記

銀青光祿大夫守右散騎常侍上柱國東海縣開國子食邑五百戶臣徐鉉等奉

敕校定

二十一部　六百八十五文　重六十二

凡九千七百六十九字　文三十一新附

水 準也北方之行象眾水並流中有微陽之气也凡水之屬皆从水式軌切

汃 西極之水也从水八聲爾雅曰西至汃國謂四極府巾切 河 水出焞煌塞外昆侖山發原注海从水可聲乎哥切 泑 澤在昆侖下从水幼聲讀與㶇同於糾切 涷 水出發鳩山入於河从水東聲德紅切 涪 水出廣漢剛邑道徼外南入漢从水音聲縛牟切 潼 水出廣漢梓潼北界南入墊江从水童聲徒紅切 江 水出蜀湔氐徼外㟭山入海从水工聲古雙切 沱 江別流也

鬲孫本作兓鬲是也

丏孫本作丏是也

汧篆譌孫本作汧是也

沱 ……出㟭山東別爲沱从水它聲臣鉉等曰沱沼之沱通用此字今別作池非是徒何切

浙 江水東至會稽山陰爲浙江从水折聲旨熱切

涐 水出蜀汶江徼外東南入江从水我聲五何切

湔 水出蜀郡緜虒玉壘山東南入江从水前聲一曰手澣之子仙切

沬 水出蜀西徼外東南入江从水未聲莫割切

溫 水出犍爲涪南入黔水从水𥁕聲烏魂切

灊 水出巴郡宕渠西南入江从水鬵聲昨鹽切

沮 水出漢中房陵東入江从水且聲子余切

滇 益州池名从水眞聲都年切

涂 水出益州牧靡南山西北入澠从水余聲同都切

沅 水出牂牁故且蘭東北入江从水元聲愚袁切

淹 水出越巂徼外東入若水从水奄聲英廉切

溺 水自張掖刪丹西至酒泉合黎餘波入于流沙从水弱聲桑欽所說而灼切

洮 水出隴西臨洮東北入河从水兆聲土刀切

涇 水出安定涇陽幵頭山東南入渭雝州之川也从水巠聲古靈切

渭 水出隴西首陽渭首亭南谷東入河从水胃聲杜林說夏書以爲出鳥鼠山雝州浸也云貴切

漾 水出隴西相道東至武都爲漢从水羕聲余亮切

瀁 古文从養

漢 漾也東爲滄浪水从水難省聲臣鉉等曰从難省當作𦰩而前作相承去土从大疑兼从古文省呼旰切

㵄 古文

浪 滄浪水也南入江从水良聲來宕切

沔 水出武都沮縣東狼谷東南入江或曰入夏水从水丏聲彌兖切

湟 水出金城臨羌塞外東入河从水皇聲乎光切

汧

海孫本同當作沔段氏說

路孫本作潞是也

井孫本作共是也

葛孫本同當作𦹏

側字衍孫本同

水出扶風汧縣西北入渭从水幵聲苦堅切

澇 水出扶風鄠北入渭从水勞聲魯刀切

漆 水出右扶風杜陵岐山東入渭一曰入洛从水桼聲親吉切

滻 水出京兆藍田谷入霸从水產聲所簡切

洛 水出左馮翊歸德北夷界中東南入渭从水各聲盧各切

淯 水出弘農盧氏山東南入海从水育聲或曰出酈山西余六切

汝 水出弘農盧氏還歸山東入淮从水女聲人渚切

潩 水出河南密縣大隗山南入潁从水異聲与職切

汾 水出太原晉陽山西南入河从水分聲或曰出汾陽北山冀州浸符分切

澮 水出霍山西南入汾从水會聲古外切

沁 水出上黨羊頭山東南入河从水心聲七鴆切

沾 水出壺關東入其一曰沾益也从水占聲臣鉉等曰今別作添非是他兼切

潞 冀州浸也上黨有路縣从水路聲洛故切

漳 濁漳出上黨長子鹿谷山東入清漳清漳出沾山大要谷北入河南漳出南郡臨沮从水章聲諸良切

淇 水出河內井北山東入河或曰出隆慮西山从水其聲渠之切

蕩 水出河內蕩陰東入黃澤从水葛聲徒朗切

沇 水出河東東垣王屋山東爲泲从水允聲以轉切

㕣 古文沇臣鉉等曰口部已有此重出

泲 沇也東入于海从水𠂔聲子礼切

洈 水出南郡高城洈山東入繇从水危聲過委切

溠 水在漢南从水差聲荊州浸也春秋傳曰脩涂梁溠側駕切側

洭 水出桂陽縣盧聚山洭浦關爲桂水从水匡聲去王切

潓 水出廬江入淮从水惠聲胡計切

灌 水出

盧孫本同當作廬
匯孫本同段訂作滙是也
王孫本作玉是也
頁孫本作貞是也
問閭孫本作閭澗是也

盧江雩婁北入淮从水雚聲古玩切
漸 水出丹陽黟南蠻中東入海从水斬聲慈冉切
泠 水出丹陽宛陵西北入江从水令聲郎丁切
⿰氵箄 水在丹陽从水箄聲匹卦切
溧 水出丹陽溧陽縣从水㮚聲力質切
湘 水出零陵陽海山北入江从水相聲息良切
汨 長沙汨羅淵屈原所沈之水从水冥省聲莫狄切
溱 水出桂陽臨武入匯从水秦聲側詵切
深 水出桂陽南平西入營道从水罙聲式針切
潭 水出武陵鐔成王山東入鬱林从水覃聲徒含切
油 水出武陵孱陵西東南入江从水由聲以周切
⿰氵買 水出豫章艾縣西入湘从水買聲莫蟹切
湞 水出南海龍川西入溱从水頁聲陟盈切
溜 水出鬱林郡从水畱聲力救切
瀷 水出河南密縣東入潁从水翼聲与職切
潕 水出南陽舞陽東入潁从水無聲文甫切
滶 水出南陽魯陽入城父从水敖聲五勞切
瀙 水出南陽舞陽中陽山入潁从水親聲七吝切
淮 水出南陽平氏桐柏大復山東南入海从水隹聲戶乖切
滍 水出南陽魯陽堯山東北入汝从水㞷聲直几切
澧 水出南陽雉衡山東入汝从水豊聲盧啓切
溳 水出南陽蔡陽東入夏水从水員聲王分切
淠 水出汝南弋陽垂山東入淮从水畀聲匹備切又匹制切
澺 水出汝南上蔡黑淵閭入汝从水意聲於力切
⿰氵囟 水出汝南新郪入潁从水囟聲穌計切
灈 水出汝南吳房入瀙从水瞿聲其俱切
潁

都孫本作郡是也

汴孫本作汴是也

水出潁川陽城乾山東入淮从水頃聲豫州浸余頃切

洧 水出潁川陽城山東南入潁从水有聲榮美切

濦 水出潁川陽城少室山東入潁从水㥯聲於謹切

濄 水受淮陽扶溝浪湯渠東入淮从水過聲古禾切

泄 水受九江博安洵波北入氐从水世聲余制切

汳 水受陳留浚儀陰溝至蒙爲雝水東入于泗从水反聲臣鉉等曰今作汴非是皮變切

潧 水出鄭國从水曾聲詩曰潧與洧方渙渙兮側詵切

淩 水在臨淮从水夌聲力膺切

濮 水出東郡濮陽南入鉅野从水僕聲博木切

濼 齊魯閒水也从水樂聲春秋傳曰公會齊侯于濼盧谷切

漷 水在魯从水郭聲苦郭切

淨 魯北城門池也从水爭聲士耕切又才性切

㶟 水出東郡東武陽入海从水㬎聲桑欽云出平原高唐他合切

泡 水出山陽平樂東北入泗从水包聲匹交切

菏 菏澤水在山陽胡陵禹貢浮于淮泗達于菏从水苛聲古俄切

泗 受泲水東入淮从水四聲息利切

洹 水在齊魯閒从水亘聲羽元切

灉 河灉水在宋从水雝聲於容切

澶 澶淵水在宋从水亶聲市連切

洙 水出泰山蓋臨樂山北入泗从水朱聲市朱切

沭 水出青州浸从水术聲食聿切

沂 水出東海費東西入泗从水斤聲一曰沂水出泰山蓋青州浸魚衣切

洋 水出齊臨朐高山東北入鉅定从水羊聲似羊切

濁 水出齊都厲媯山東北入鉅定从水蜀聲直角切

溉 水出東海桑瀆覆甑山東北入海一曰灌注也从水既聲古代切

濰 水出琅邪箕屋山東

汶孫本作洨是也

入海徐州浸夏書曰濰淄其道从水維聲以追切浯水出琅邪靈門壺山東北入濰从水吾聲五乎切汶水出琅邪朱虛東泰
山東入濰从水文聲桑欽說汶水出泰山萊蕪西南入泲亡運切治水出東萊曲城陽丘山南入海从水台聲直之切寖水出魏郡
武安東北入呼沱水从水𡩟聲𡩟籒文寑字子鴆切湡水出趙國襄國之西山東北入寖从水禺聲噳俱切㴲水出趙國襄國東入湡从
水虒聲息移切渚水在常山中丘逢山東入湡从水者聲爾雅曰小洲曰渚章与切洨水出常山石邑井陘東南入于泜从水交
聲祁國有汶縣下交切濟水出常山房子贊皇山東入泜从水齊聲子礼切泜水在常山从水氐聲直尼切濡
水出涿郡故安東入漆涑从水需聲人朱切灅水出右北平浚靡東南入庚从水壘聲力軌切沽水出漁陽塞外東入海从
水古聲古胡切沛水出遼東番汗塞外西南入海从水市聲普蓋切浿水出樂浪鏤方東入海从水貝聲一曰出浿水縣普
拜切瀤北方水也从水褱聲戶乖切㶟水出鴈門陰館累頭山東入海或曰治水也从水纍聲力追切〔氵虘〕水出北地直路西東
入洛从水虘聲側加切泒水起鴈門葰人戍夫山東北入海从水瓜聲苦胡切滱水起北地靈丘東入河从水寇聲滱水即漚夷水
并州川也淶水起北地廣昌東入河从水來聲并州浸洛哀切泥水出北地郁郅北蠻中从水尼聲奴低切湳西河

乃孫本作奴

光孫本同當作尤

郭孫本作勃

⿰氵闇篆譌孫本同當作⿰氵闇

美稷保東北水从水南聲乃感切 漹 水出西河中陽北沙南入河从水焉聲乙乾切 涶 河津也在西河西从水垂聲土禾切 ⿰氵旟

水也从水旟聲以諸切 洵 過水中也从水旬聲相倫切 涻 水出北囂山入邙澤从水舍聲始夜切 ⿰氵刃 水也从水刃聲乃見切

淔 水也从水直聲耻力切 淁 水也从水妾聲七接切 涺 水也从水居聲九魚切 ⿰氵臮 水也从水臮聲其冀切

沋 水也从水光聲羽求切 洇 水也从水因聲於真切 淉 水也从水果聲古火切 ⿰氵貟 水也从水貟聲讀若瑣蘇

果切 浝 水也从水尨聲莫江切 ⿰氵乳 水也从水乳聲乃后切 泈 水也从水夂聲夂古文終職戎切 洦 淺水也从水百

聲匹白切 汘 水也从水千聲倉先切 洍 水也从水匠聲詩曰江有洍詳里切 澥 郭澥海之別也从水解聲一說澥即澥谷也

胡買切 漠 北方流沙也一曰清也从水莫聲慕各切 海 天池也以納百川者从水每聲呼改切 溥 大也从水尃聲滂古切

⿰氵闇 水大至也从水闇聲乙感切 洪 洚水也从水共聲戶工切 洚 水不遵道一曰下也从水夅聲戶工切又下江切 衍

水朝宗于海也从水从行以淺切 潮 水朝宗于海从水朝省臣鉉等曰隸書不省直遙切 濥 水脈行地中濥濥也从水夤聲

弋刃切 滔 水漫漫大皃从水舀聲土刀切 涓 小流也从水肙聲爾雅曰汝為涓古玄切 混 豐流也从水昆聲胡本切

說十一上

四

潒水潒瀁也从水象聲讀若蕩徒朗切[illegible]順流也一曰水名从水[illegible]聲俟溜切汭水相入也从水从内内亦聲而銳切
潚深清也从水肅聲子叔切演長流也一曰水名从水寅聲以淺切渙流散也从水奐聲呼貫切泌俠流也从
水必聲兵媚切活水流聲从水𠯑聲古活切[illegible]活或从聒湝水流湝湝也从水皆聲一曰湝水寒也詩曰風雨湝湝古諧切
泫湝流也从水玄聲上黨有泫氏縣胡畎切淲水流皃从水彪省聲詩曰淲沱北流皮彪切淢疾流也从水或聲于逼切
瀏流清皃从水劉聲詩曰瀏其清矣力久切濊礙流也从水歲聲詩云施罟濊濊呼括切滂沛也从水旁聲臣鉉等曰今俗
別作霶霈非是普郎切汪深廣也从水㞷聲一曰汪池也烏光切漻清深也从水翏聲洛蕭切泚清也从水此聲千禮切
況寒水也从水兄聲許訪切沖涌搖也从水中聲讀若動直弓切汎浮皃从水凡聲孚梵切沄轉流也从水云
聲讀若混于分切浩澆也从水告聲虞書曰洪水浩浩胡老切沆莽沆大水也从水亢聲一曰大澤皃胡朗切泬
水从孔穴疾出也从水从穴穴亦聲呼穴切濞水暴至聲从水鼻聲自畀聲匹備切灂水小聲从水爵聲士角切潝水疾聲从
水合羽聲許及切滕水超涌也从水朕聲徒登切潏涌出也一曰水中坻人所爲爲潏一曰潏水名在京兆杜陵从水矞聲古穴切

欠孫本作久是也

于孫本作王繫傳作羽文切

氾孫本作氾是也

衺孫本作衺是也

瀋篆譌孫本作瀋是也

洶篆譌孫本作洶是也

又下一字不可辨識孫本作哭

溶篆譌孫本同當作溶

服當作朖孫本誤作服

洸水涌光也从水从光光亦聲詩曰有洸有潰古黃切波水涌流也从水皮聲博禾切澐江水大波謂之澐从水雲聲王分切瀾大波爲瀾从水闌聲洛干切漣瀾或从連臣鉉等曰今俗音力延切淪小波爲淪从水侖聲詩曰河水清且淪漪一曰没也力迍切漂浮也从水票聲匹消切又匹妙切浮氾也从水孚聲縛牟切濫氾也从水監聲一曰濡上及下也詩曰觱沸濫泉一曰清也盧瞰切氾濫也从水巳聲孚梵切泓下深皃从水弘聲烏宏切湋回也从水韋聲羽非切測深所至也从水則聲初側切湍疾瀨也从水耑聲他耑切淙水聲也从水宗聲藏宗切激水礙衺疾波也从水敫聲一曰半遮也古歷切洞疾流也从水同聲徒弄切瀋大波也从水播聲孚袁切洶涌也从水匈聲許拱切涌滕也从水甬聲一曰涌水在楚國余隴切湁湁湒鬻也从水拾聲丑入切涳直流也从水空聲苦江切又[illegible]江切汋激水聲也从水勺聲井一有水一無水謂之瀱汋市若切瀱井一有水一無水謂之瀱汋从水罽聲居例切渾混流聲也从水軍聲一曰洿下皃戶昆切洌水清也从水列聲易曰井洌寒泉食良辥切淑清湛也从水叔聲殊六切溶水盛也从水容聲余隴切又音容澂清也从水徵省聲臣鉉等曰今俗作澄非是直陵切清服也澂水之皃从水

曰孫本作口是也
泏篆譌孫本作泏是也
付孫本作竹是也
麵孫本作麴
消孫本作渻是也
誄孫本作謀是也

青聲七情切湜水清底見也从水是聲詩曰湜湜其止常職切潣水流浼浼皃从水閔聲眉殞切滲下漉也从水參
聲所禁切潿不流濁也从水圍聲羽非切溷亂也一曰水濁皃从水圂聲胡困切淈濁也从水屈聲一曰滒泥一曰水出
皃古忽切漩回泉也从水旋省聲似沿切漼深也从水崔聲詩曰有漼者淵七罪切淵回水也从水象形左右岸也中
象水皃烏玄切㴊淵或省水𡆸古文从曰水濔滿也从水爾聲奴礼切澹水搖也从水詹聲徒濫切潯
旁深也从水尋聲徐林切泙谷也从水平聲符兵切泏水皃从水出聲讀若窋付律切又口兀切瀳水至也从水薦聲讀若
尊又在甸切[illegible]土得水沮也从水㪿聲讀若麵竹隻切滿盈溢也从水㒼聲莫旱切滑利也从水骨聲戶八切濇
不滑也从水嗇聲色立切澤光潤也从水睪聲丈伯切淫侵淫隨理也从水㸒聲一曰久雨為淫余箴切瀸漬也从水韱聲爾
雅曰泉一見一否為瀸子廉切泆水所蕩泆也从水失聲夷質切潰漏也从水貴聲胡對切沴水不利也从水㐱聲五行
傳曰若其沴作郎計切淺不深也从水戔聲七衍切洔水暫益且止未減也从水寺聲直里切渻少減也一曰水門又
水出丘前謂之消丘从水省聲息井切淖泥也从水卓聲奴教切濢小溼也从水翠聲遵誄切溽溼暑也从水辱聲而

淐篆譌當作淐孫本亦誤

涅下云日聲唯此外大小徐各本
皆作白聲蓋後因曰上缺開口
以篆上既从日之白一也

氿孫本作氿是也

畢孫本作滭

蜀切

涅 黑土在水中也从水从土日聲奴結切

滋 益也从水茲聲一曰滋水出牛飲山白陘谷東入呼沱子之切

㴾 青黑色从水曶聲呼骨切

浥 溼也从水邑聲於及切

沙 水散石也从水从少水少沙見楚東有沙水所加切

𣲡 譚長說沙或从尐尐子結切

瀨 水流沙上也从水賴聲洛帶切

濆 水厓也从水賁聲詩曰敦彼淮濆符分切

涘 水厓也从水矣聲周書曰王出涘牀史切

汻 水厓也从水午聲臣鉉等曰今作滸非是呼古切

氿 水厓枯土也从水九聲爾雅曰水醮曰氿居洧切

漘 水厓也从水脣聲詩曰寘河之漘常倫切

浦 瀕也从水甫聲滂古切

沚 小渚曰沚从水止聲詩曰于沼于沚諸市切

沸 畢沸濫泉从水弗聲分勿切又方未切

潀 小水入大水曰潀从水从眾詩曰鳧鷖在潀徂紅切

派 別水也从水从𠂢𠂢亦聲匹賣切

汜 水別復入水也一曰汜窮瀆也从水巳聲詩曰江有汜詳里切臣鉉等案前洍字音義同蓋或體也

湀 湀辟深水處也从水癸聲求癸切

濘 榮濘也从水寧聲乃定切

滎 絕小水也从水熒省聲戶扃切

洼 深池也从水圭聲一佳切又於瓜切

漥 清水也一曰窊也从水窐聲一穎切又屋瓜切

潢 積水池从水黃聲乎光切

沼 池水从水召聲之少切

湖 大陂也从水胡聲揚州浸有五湖浸川澤所仰以灌溉也戶吳切

汥 水都也从水支聲章移切

洫 十里爲成成閒廣八尺深八尺謂之洫从水血聲論

說文十一上　六

注篆譌孫本同當作注

水孫本作小是也

成孫本同藤花榭本作皮

水孫本同當作木

語曰盡力于溝洫況逼切 溝 水瀆廣四尺深四尺从水冓聲古侯切 瀆 溝也从水賣聲一曰邑中溝徒谷切 渠 水所

居从水渠省聲彊魚切 瀶 谷也从水臨聲讀若林一曰寒也力尋切 湄 水艸交爲湄从水眉聲武悲切 洐 溝水行也从水

从行戶庚切 澗 山夾水也从水閒聲一曰澗水出弘農新安東南入洛古莧切 澳 隈厓也其內曰澳其外曰隈从水奧聲於六切

澩 夏有水冬無水曰澩从水學省聲讀若學胡角切 𤅊 澩或不省 灘 水濡而乾也从水鷜聲詩曰鷜其乾矣呼旰切又他

干切 灘 俗鷜从隹 汕 魚游水皃从水山聲詩曰烝然汕汕所晏切 決 行流也从水从夬廬江有決水出於大別山古

穴切 灓 漏流也从水䜌聲洛官切 滴 水注也从水啻聲都歷切 注 灌也从水主聲之戍切 沃 溉灌也从水

芺聲烏鵠切 澅 所以攤水也从水昔聲漢律曰及其門首洒澅所責切 澨 埤增水邊土人所止者从水筮聲夏書曰過三澨

時制切 津 水渡也从水𦍌聲將鄰切 𦨮 古文津从舟从淮 淜 無舟渡河也从水朋聲成冰切 橫 水津也从

水橫聲一曰以船渡也戶孟切 泭 編木以渡也从水付聲芳無切 渡 濟也从水度聲徒故切 沿 緣水而下也从水㕣聲春秋傳

曰王沿夏与專切 泝 逆流而上曰泝洄泝向也水欲下違之而上也从水㡿聲桑故切 𣸫 泝或从朔 洄 泝洄也从水从回戶

渨篆譌孫本同當作渨
滅孫本同當作減
黄孫本同藤花榭本作莫是也
泱篆譌孫本作泱是也
瀑篆譌孫本作瀑是也
資孫本同段从繫傳作霣是也
資孫本同當作漬
水孫本同當作才

夜切泳潛行水中也从水永聲爲命切潛涉水也一曰藏也一曰漢水爲潛从水朁聲昨鹽切淦水入船中也一曰泥也从水金

聲古暗切汵淦或从今泛浮也从水乏聲孚梵切汓浮行水上也从水从子古或以汓爲沒似由切泅子或从囚聲

砅履石渡水也从水从石詩曰深則砅力制切濿砅或从厲湊水上人所會也从水奏聲倉奏切湛沒也从水甚聲

一曰湛水豫章浸宅滅切𣶒古文湮沒也从水垔聲於眞切㳅沒也从水从人奴歷切沒沈也从水从𠬛黄勃切

渨沒也从水畏聲烏恢切滃雲气起也从水翁聲烏孔切泱滃也从水央聲於良切淒雲雨起也从水妻聲詩曰有渰淒

淒七稽切渰雲雨皃从水弇聲衣檢切溟小雨溟溟也从水冥聲莫經切涑小雨零皃从水束聲所責切瀑疾雨

也一曰沫也一曰瀑資也从水暴聲詩曰終風且瀑平到切澍時雨澍生萬物从水尌聲常句切湒雨下也从水咠聲一曰沸涌皃

姊入切澬久雨涔資也一曰水名从水資聲水私切又即夷切潦雨水大皃从水尞聲盧皓切濩雨流霤下从水蒦聲胡

郭切涿流下滴也从水豕聲上谷有涿縣竹角切𣴁奇字涿从日乙瀧雨瀧瀧皃从水龍聲力公切漆

沛之也从水桼聲坡帶切滈久雨也从水高聲乎老切漊雨漊漊也从水婁聲一曰汝南謂飲酒習之不醉爲漊力主切溦

黕孫本作黕是也

潰孫本同當作漬

沷孫本作沃是也

小徐本涸字無重文

溦小雨也从水微省聲無非切濛微雨也从水蒙聲莫紅切沈陵上滈水也从水冘聲一曰濁黕也臣鉉等曰今俗别作沉冗不成字非是

直深切又尸甚切洅雷震洅洅也从水再聲作代切淊泥水淊淊也一曰繅絲湯也从水臽聲胡感切涵水澤多也从水

函聲詩曰僭始既涵胡男切洳漸溼也从水挐聲人庶切瀀澤多也从水憂聲詩曰既瀀既渥於求切涔漬也一曰涔陽

渚在郢中从水岑聲鉏箴切漬漚也从水責聲前智切漚久漬也从水區聲烏候切浞濡也从水足聲士角切渥

霑也从水屋聲於角切漼灌也从水隺聲口角切又公沷切洽霑也从水合聲侯夾切濃露多也从水農聲詩曰

零露濃濃女容切瀌雨雪瀌瀌从水麃聲甫嬌切溓薄水也一曰中絶小水从水兼聲力鹽切泐水石之理也从

水从阞周禮曰石有時而泐徐鍇曰言石因其脈理而解裂也盧則切滯凝也从水帶聲直例切汦著止也从水氏聲直尼切𣿅

水裂去也从水虢聲古伯切澌水索也从水斯聲息移切汔水涸也或曰泣下从水气聲詩曰汔可小康許訖切涸渴也

从水固聲讀若狐貈之貈下各切𣶶涸亦从水鹵舟消盡也从水肖聲相幺切潐盡也从水焦聲子肖切渴盡也

从水曷聲苦葛切漮水虛也从水康聲苦岡切溼幽溼也从水一所以覆也覆而有土故溼也㬎省聲失入切湆幽溼

汙孫本作汙是也
晏孫本作晏是也
秋孫本同當作湫
泉乃唐人避諱所改當作淵

瀞篆譌孫本作瀞是也

玩孫本作丸

沃孫本作汏是也

小徐本淅字下無重文[illegible]條
滰字下云淅也則應補

也从水音聲去急切洿濁水不流也一曰窊下也从水夸聲哀都切浼汙也从水免聲詩曰河水浼浼孟子曰汝安能浼我武辠切

汙薉也一曰小池爲汙一曰涂也从水于聲烏故切湫隘下也一曰有湫水在周地春秋傳曰晏子之宅秋隘安定朝那有湫泉从水秋聲子

丁切又即由切潤水曰潤下从水閏聲如順切準平也从水隼聲之允切汀平也从水丁聲他丁切𣲵汀或

从平沑水吏也又溫也从水丑聲人九切瀵水浸也从水糞聲爾雅曰瀵大出尾下方問切滜新也从水皐聲七皐切

瀞無垢薉也从水靜聲疾正切瀎拭滅皃从水蔑聲莫達切泧瀎泧也从水戉聲讀若椒樧之樧又火活切洎

灌釜也从水自聲其冀切湯熱水也从水昜聲土郎切渜湯也从水耎聲乃管切洝渜水也从水安聲烏旰切洏

湪也一曰煑孰也从水而聲如之切涗財溫水也从水兌聲周禮曰以涗漚其絲輸芮切涫瀳也从水官聲酒泉有樂涫縣古

玩切涾涫溢也今河朔方言謂沸溢爲涾从水沓聲徒合切汏淅瀧也从水大聲代何切又徒蓋切㵎淅也从水簡聲古限切

淅沃米也从水析聲先擊切滰浚乾漬米也从水竟聲孟子曰夫子去齊滰淅而行其兩切溲浸沃也从水叜聲踈有切

浚抒也从水夋聲私閏切瀝浚也从水歷聲一曰水下滴瀝郎擊切漉浚也从水鹿聲盧谷切淥漉或从彔潘

于孫本作干是也

从孫本作鉉是也

例孫本同小徐及段訂作側是也

平孫本作乎是也

淅米汁也一曰水名在河南滎陽从水番聲 普官切

瀾 潘也从水蘭聲 洛于切

泔 周謂潘曰泔从水甘聲 古三切

滫 久泔也从水修聲 息流切又思酒切

澱 滓滋也从水殿聲 堂練切

淤 澱滓濁泥从水於聲 依據切

滓 澱也从水宰聲 阻史切

淰 濁也从水念聲 乃忝切

瀹 漬也从水龠聲 以灼切

⿱罒⿰氵焦 釃酒也一曰浚也从网从水焦聲讀若夏書天用勦絕 臣从等曰以縑帛漉酒故从网 子小切

漀 例出泉也从水殸聲殸籀文磬字 去挺切

湑 莤酒也一曰浚也一曰露皃从水胥聲詩曰有酒湑我又曰零露湑兮 私呂切

湎 沈於酒也从水面聲周書曰罔敢湎于酒 彌兗切

漿 酢漿也从水將省聲 即良切

⿰爿水 古文漿省

涼 薄也从水京聲 呂張切

淡 薄味也从水炎聲 徒敢切

涒 食已而復吐之从水君聲爾雅曰太歲在申曰涒灘 他昆切

澆 漢也从水堯聲 古堯切

液 盡也从水夜聲 羊益切

汁 液也从水十聲 之入切

滒 多汁也从水哥聲讀若哥 古俄切

灝 豆汁也从水顥聲 平老切

溢 器滿也从水益聲 夷質切

洒 滌也从水西聲古文爲灑埽字 先礼切

滌 洒也从水條聲 徒歷切

㵒 和也从水戢聲 阻立切

瀋 汁也从水審聲春秋傳曰猶拾瀋 昌枕切

渳 飲也从水弭聲 綿婢切

⿰氵算 歠歃也一曰吮也从水算聲 衫洽切又先活切

漱 盪口也从水欶聲 所右切

泂 滄也从水冋聲 戶褧切

幹孫本作榦是也
三澣字孫本皆作瀚是也

梔孫本作梔皆非當作梔

汰与今本左傳合孫本作汏与唐石經合

滄 寒也从水倉聲七岡切 ⿰氵靚 冷寒也从水靚聲七定切 淬 滅火器也从水卒聲七內切 沐 濯髮也从水木

聲莫卜切 沬 洒面也从水未聲荒內切 頮 古文沬从頁 浴 洒身也从水谷聲余蜀切 澡 洒手也从水喿聲子

晧切 洗 洒足也从水先聲穌典切 汲 引水於井也从水从及及亦聲居立切 淳 渌也从水𦎫聲常倫切 淋 以水

沃也从水林聲一曰淋淋山下水皃力尋切 渫 除去也从水枼聲私列切 澣 濯衣垢也从水幹聲胡玩切 浣 澣或从完

濯 澣也从水翟聲直角切 涑 澣也从水束聲河東有涑水速侯切 潎 於水中擊絮也从水敝聲匹蔽切 浝

涂也从水从上尨聲讀若隴又士江切 灑 汛也从水麗聲山豉切 汛 灑也从水卂聲息晉切 染 以繒染爲色从

水杂聲徐鍇曰說文無杂字裴光遠云从木木者所以染梔茜之屬也从九九者染之數也未知其審而琰切 泰 滑也从廾从水大聲他

蓋切臣鉉等曰本音他達切今左氏傳作汰輣非是 夳 古文泰 ⿰氵閻 海岱之間謂相汙曰⿰氵閻从水閻聲余廉切 灒 汙灑也一曰

水中人从水贊聲則旰切 ⿰氵愁 腹中有水气也从水从愁愁亦聲士尤切 湩 乳汁也从水重聲多貢切 洟 鼻液也从水夷

聲他計切 潸 涕流皃从水散省聲詩曰潸焉出涕所姦切 汗 人液也从水干聲侯旰切 泣 無聲出涕曰泣从水立聲

戈孫本作咸是也

濊篆譌當作濊段刪此字

三孫本作二當作四

瀣孫本同當作瀣
平孫本作乎是也

去急切

涕 泣也从水弟聲他礼切

湅 瀚也从水柬聲郎甸切

瀚 議辠也从水獻與法同意魚列切

渝 變汙也从水俞聲一曰渝水在遼西臨俞東出塞羊朱切

減 損也从水戈聲古斬切

滅 盡也从水威聲亡列切

漕 水轉轂也一曰人之所乘及船也从水曹聲在到切

泮 諸侯鄉射之宮西南爲水東北爲牆从水从半半亦聲普半切

漏 以銅受水刻節晝夜百刻从水屚聲盧后切

澒 丹沙所化爲水銀也从水項聲呼孔切

萍 苹也水艸也从水苹苹亦聲薄經切

濊 水多皃从水歲聲呼會切

汩 治水也从水曰聲于筆切

文四百六十八　重二十三

瀼 露濃皃从水襄聲汝羊切

漙 露皃从水專聲度官切

汍 泣淚皃从水丸聲胡官切

泯 滅也从水民聲武盡切

瀣 沆瀣气也从水瀣省聲胡介切

瀘 水名从水盧聲洛平切

瀟 水名从水蕭聲相邀切

瀛 水名从水嬴聲以成切

滁 水名从水除聲直魚切

洺 水名从水名聲武并切

潺 水聲从水孱聲昨閑切

湲 潺湲水聲从水爰聲王權切

濤 大波也从水壽聲徒刀切

漵 水浦也从水敘聲徐呂切

港 水派也从水巷聲古項切

瀦 水所亭也从水豬聲

沙魚切瀰大水也从水𤄷聲武移切淼大水也从三水或作渺亡沼切澩濤也从水𦥯聲古肴切浹洽也从水夾聲子協切溘奄忽也从水盇聲口荅切潠含水噴也从水巽聲穌困切涯水邊也从水从厓厓亦聲魚羈切

文二十三 新附

說文解字弟十一上

賓孫本作濱是也
以孫本作从是也
十孫本作寸是也

說文解字第十一下　漢太尉祭酒許慎記

銀青光祿大夫守右散騎常侍上柱國東海縣開國子食邑五百戶臣徐鉉等奉

敕校定

沝 二水也闕凡沝之屬皆从沝 之壘切

𣶒 水行也从沝㐬㐬突忽也力求切 流 篆文从水

𣷂 徒行厲水也从沝从步時攝切 涉 篆文从水

文三　重二

頻 水厓人所賓附頻蹙不前而止从頁从涉凡頻之屬皆从頻 臣鉉等曰今俗别作水濱非是符眞切

顰 涉水顰蹙从頻卑聲符眞切

文二

〡 水小流也周禮匠人爲溝洫梠廣五十二梠爲

玄孫本作泫

耦一耦之伐廣尺深尺謂之く倍く謂之遂倍遂曰溝倍溝曰洫倍洫曰巜凡く之屬皆从く 姑文切

甽 古文く从田从川 畎 篆文く从田犬聲六畎爲一畝

文一 重二

巜 水流澮澮也方百里爲巜廣二尋深二仞凡巜之屬皆从巜 古外切

粼 水生厓石間粼粼也从巜粦聲 力珍切

文二

川 貫穿通流水也虞書曰濬く巜距川言深く巜之水會爲川也凡川之屬皆从川 昌緣切

巠 水脈也从川在一下一地也王省聲一曰水冥巠也 古靈切 巠 古文巠不省

巟 水廣也从川亡聲易曰包巟用馮河 呼光切

緐泉篆譌孫本同當作[緐泉]

𡿧水流也从川或聲于逼切 𡿩水流也从川曰聲于筆切 𡿪水流𡿪𡿪也从川列省聲臣鉉等曰列字从歺此疑誤當从歺省良辥切

邕四方有水自邕城池者从川从邑於容切 𡿮籀文邕 𡿦害也从一雝川春秋傳曰川雝爲澤凶祖才切 侃剛直也从㐰㐰古文信从川取其不舍晝夜論語曰子路侃侃如也空旱切 州水中可居曰州周遶其旁从重川昔堯遭洪水民居水中高土或曰九州詩曰在河之州一曰州疇也各疇其土而生之臣鉉等曰今別作洲非是職流切 𡿺古文州

文十　重三

泉水原也象水流出成川形凡泉之屬皆从泉疾緣切

[緐泉]泉水也从泉緐聲讀若飯符萬切

文二

灥三泉也闕凡灥之屬皆从灥詳遵切

𠫐水泉本也从灥出厂下愚袁切 原篆文从泉臣鉉等曰今別作源非是

文二　重一

永長也象水巠理之長詩曰江之永矣凡永

此葉末脫文二二字孫本同今據小徐本補

尤孫本作厷是也

之屬皆从永 于憬切

羕 水長也从永羊聲詩曰江之羕矣 余亮切

𠂢 水之衺流别也从反永凡𠂢之屬皆从𠂢讀若稗縣 徐鍇曰永長流也反即分𠂢也 匹卦切

衇 血理分衺行體者从𠂢从血 莫獲切 脈 衇或从肉 䘑 籀文

覛 衺視也从𠂢从見 莫狄切 𧢍 籀文

文三　重三

谷 泉出通川為谷从水半見出於口凡谷之屬皆从谷 古祿切

谿 山瀆无所通者从谷奚聲 苦兮切

䜫 通谷也从谷害聲 呼括切

𧮫 𧮫𧮫空谷也从谷翏聲 洛蕭切

豅 大長谷也从谷龍聲讀若聾 盧紅切

谹 谷中響也从谷尤聲 戶萌切

𧮭 深通川也从谷从𣦼𣦼殘地阬坎意也虞書曰𧮭畎澮距川 私閏切

凝篆議據本作冰是也

濬 睿或从水 濬 古文睿 𧮫 望山谷𧮫青也 从谷千聲 倉絢切

文八 重二

仌 凍也象水凝之形凡仌之屬皆从仌 筆陵切

冰 水堅也从仌从水 魚陵切 臣鉉等曰今作筆陵切以爲冰凍之冰 凝 俗冰从疑 凜 寒也从仌廩聲 力稔切 凊 寒也从仌青聲 七正切 凍 仌也从仌東聲 多貢切 縢 仌出也从仌朕聲 詩曰納于縢陰 力膺切 凌 縢或从夌 凘 流仌也从仌斯聲 息移切 凋 半傷也从仌周聲 都僚切 冬 四時盡也从仌从夂 夂古文終字 都宗切 𣅶 古文冬从日 冶 銷也从仌台聲 羊者切 滄 寒也从仌倉聲 初亮切 冷 寒也从仌令聲 魯打切 𠗊 寒也从仌圅聲 胡男切 𩙣 風寒也从仌畢聲 卑吉切 冹 一之日𩙣冹 从仌犮聲 分勿切 凓 寒也从仌栗聲 力質切 瀨 寒也从仌賴聲 洛帶切

文十七 重三

雨 水从雲下也一象天冂象雲水霝其閒也 凡雨之屬皆从雨 王矩切

扟孫本作挺是也

疑孫本作凝是也

句孫本同當作甸

䨋 古文

靁 陰陽薄動靁雨生物者也从雨畾象回轉形魯回切 𩆩 古文靁 𩇓 古文靁 𩆷 籀文靁間有回回靁聲也

霣 雨也齊人謂靁為霣从雨員聲一曰雲轉起也于敏切 𩃩 古文霣

霆 雷餘聲也鈴鈴所以扟出萬物从雨廷聲特丁切

霅 霅霅震電皃一曰衆言也从雨嚞省聲丈甲切

電 陰陽激燿也从雨从申堂練切 𩆵 古文電

震 劈歷振物者从雨辰聲春秋傳曰震夷伯之廟臣鉉等曰今俗別作霹靂非是章刃切 𩆷 籀文震

雪 疑雨說物者从雨彗聲相絕切

霄 雨霓為霄从雨肖聲齊語也相邀切

霰 稷雪也从雨散聲穌句切 霓 霰或从見

雹 雨冰也从雨包聲蒲角切 𩂣 古文雹

霝 雨零也从雨㗊象零形詩曰霝雨其濛郎丁切

零 雨零也从雨各聲盧各切

零 餘雨也从雨令聲郎丁切

𩆂 小雨財零也从雨鮮聲讀若斯息移切

霢 霢霂小雨也从雨脈聲莫獲切

霂 霢霂也从雨沐聲莫卜切

𩅿 小雨也从雨酸聲素官切

𩃩 微雨也从雨𢦏聲又讀若芟子廉切

䨒 小雨也从雨衆聲明堂月令曰䨒雨職戎切

霃 久陰也从雨沈聲直深切

䨴 久雨也从雨兼聲力鹽切

霤 久雨也从雨函聲胡男切

霖 雨三日已往从雨林聲力尋切

𩂤 霖雨也南陽謂霖𩂤从雨㐺聲銀箴切

䨑 雨聲从雨真聲讀若資即夷切

𩄪 雨皃方語也从雨禹聲讀若禹王矩切

𩅟 小雨也从雨僉聲子

廉切
霑 雨䨣也从雨沾聲張廉切
䨣 濡也从雨染聲而琰切
霤 屋水流也从雨畱聲力救切
屚 屋穿水下也从雨在尸下尸者屋也盧后切
䨲 雨濡革也从雨从革讀若膊匹各切
霽 雨止也从雨齊聲子計切
霋 霽謂之霋从雨妻聲七稽切
𩅰 雨止雲罷皃从雨郭聲臣鉉等曰今別作廓非是苦郭切
露 潤澤也从雨路聲洛故切
霜 喪也成物者从雨相聲所莊切
霚 地气發天不應从雨敄聲臣鉉等曰今俗从務亡遇切
雺 籀文省
霾 風雨土也从雨貍聲詩曰終風且霾莫皆切
霿 天气下地不應曰霿霿晦也从雨瞀聲莫弄切
霓 屈虹青赤或白色陰气也从雨兒聲五雞切
䨘 寒也从雨執聲或曰早霜讀若春秋傳墊阨都念切
雩 夏祭樂于赤帝以祈甘雨也从雨于聲羽俱切
𩙪 或从羽雩羽舞也
需 䇓也遇雨不進止䇓也从雨而聲易曰雲上於天需臣鉉等案李陽冰據易雲上於天云當从天然諸本及前作所書皆从而無有从天者相俞切
䨮 水音也从雨羽聲王矩切

文四十七　重十一

霞 赤雲气也从雨叚聲胡加切
霏 雨雪皃从雨非聲芳非切
霎 小雨也从雨妾聲山洽切
䨴 黮䨴雲黑皃从雨對聲徒對切
靄 雲皃从雨藹省聲於蓋切

文五　新附

雲 山川气也从雨云象雲回轉形凡雲之屬皆从雲 王分切

云 古文省雨 𠄔 亦古文雲

霠 雲覆日也从雲今聲 於今切 侌 古文或省 㑗 亦古文霠

文二 重四

魚 水蟲也象形魚尾與燕尾相似凡魚之屬皆从魚 語居切

鰖 魚子已生者从魚憜省聲 徒果切 䲊 籒文

鮞 魚子也一曰魚之美者東海之鮞从魚而聲讀若而 如之切

魼 魚也从魚去聲 去魚切

魶 魚似鼈無甲有尾無足口在腹下从魚納聲 奴荅切

鰨 虛鰨也从魚㚃聲 土盍切

鱒 赤目魚从魚尊聲 慈損切

鱗 魚也从魚粦聲 力珍切

鰫 魚也从魚容聲 余封切

⿰魚胥 魚也从魚胥聲 相居切

鮪 絡也周禮春獻王鮪从魚有聲 榮美切

⿰魚恒 鯍也周禮謂之⿰魚恒从魚恒聲 古恒切

鯍 ⿰魚恒鯍也从魚巟聲 武登切

鮛 叔鮪也从

名孫本同當作各

魚名聲盧各切　鯀魚也从魚系聲臣鉉等曰系非聲疑从孫省古本切　鰥魚也从魚眔聲李陽冰曰當从罤省古頑切
鯉鱣也从魚里聲良止切　鱣鯉也从魚亶聲張連切　鱣籒文鱣　鱄魚也从魚專聲旨兖切　鮦魚名从魚同聲一曰鱶也讀若絝襱直隴切　鱶鮦也从魚蠡聲盧啓切　鱫魚名一名鯉一名鰜从魚婁聲洛侯切　鰜魚名从魚兼聲古甜切　鯈魚名从魚攸聲直由切　⿰魚豆魚名从魚豆聲天口切　鯾魚名从魚便聲房連切　鯿鯾又从扁　魴赤尾魚从魚方聲符方切　鰟魴或从旁　鱮魚名从魚與聲徐呂切　鰱魚名从魚連聲力延切　鮍魚名从魚皮聲敷羈切　⿰魚幼魚名从魚幼聲讀若幽於糾切　鮒魚名从魚付聲符遇切　⿰魚巠魚名从魚巠聲仇成切　鰿魚名从魚脊聲資昔切　鱺魚名从魚麗聲郎兮切　鰻魚名从魚曼聲母官切　鱯魚名从魚蒦聲胡化切　魾大鱯也其小者名䱋从魚丕聲敷悲切　鱧鱯也从魚豊聲盧啓切　⿰魚果鱧也从魚果聲胡瓦切　鱨揚也从魚嘗聲市羊切　鱏魚名从魚覃聲傳曰伯牙鼓琴鱏魚出聽余箴切　鯢刺魚也从魚兒聲五雞切　鰼鰌也从魚習聲似入切　鰌鰼也从魚酋聲七由切　鯇魚名从魚完聲户版切　魠哆口魚也从魚乇聲他各切　鮆飲而不食刀魚

鮦孫本作鰅是也

徙孫本同當作徒

也九江有之从魚此聲徂礼切鮀鮎也从魚它聲徒何切鮎鰋也从魚占聲奴兼切鰋鮀也从魚晏聲於幰切⿰魚匽
鰋或从匽鮷大鮎也从魚弟聲杜兮切鱱魚名从魚賴聲洛帶切⿰魚朁魚名从魚朁聲鉏箴切⿰魚翁魚名从魚翁聲
烏紅切⿰魚臽魚名从魚臽聲戶賺切鱖魚名从魚厥聲居衛切鯫白魚也从魚取聲士垢切鱓魚名皮可爲鼓从魚單聲
常演切鮸魚名出薉邪頭國从魚免聲亡辨切魵魚名出薉邪頭國从魚分聲符分切⿰魚虜魚名出樂浪潘國从魚虜聲郎古切
鰸魚名狀似蝦無足長寸大如叉股出遼東从魚區聲豈俱切鯜魚名出樂浪潘國从魚妾聲七接切⿰魚巿魚名出樂浪潘國从魚巿
聲博蓋切⿰魚匊魚名出樂浪潘國从魚匊聲一曰鰌魚出江東有兩乳居六切魦魚名出樂浪潘國从魚沙省聲所加切
鱳魚名出樂浪潘國从魚樂聲盧谷切鮮魚名出貉國从魚羴省聲相然切鰅魚名皮有文出樂浪東暆神爵四年初捕
收輸考工周成王時揚州獻鮦从魚禺聲魚容切鱅魚名从魚庸聲蜀容切鰂烏鰂魚名从魚則聲昨則切鯽鰂或从即
鮐海魚名从魚台聲徙哀切鮊海魚名从魚白聲旁陌切鰒海魚名从魚复聲蒲角切鮫海魚皮可飾刀从魚
交聲古肴切⿰魚畺海大魚也从魚畺聲春秋傳曰取其⿰魚畺鯢渠京切鯨⿰魚畺或从京鯁魚骨也从魚更聲古杏切

鮏篆譌孫本作鮏是也

鮨篆譌孫本作鮨是也

段孫本作叚是也

平孫本作乎是也

鮁鮁孫本同當作鱍鱍陳本不誤

犮孫本作犮是也

鱗 魚甲也从魚粦聲力珍切 鮏 魚臭也从魚生聲臣鉉等曰今俗作鯹桑經切 鱢 鮏臭也从魚喿聲周禮曰膳膏鱢穌遭切

鮨 魚䏿醬也出蜀中从魚旨聲一曰鮪魚名旨夷切 鮺 藏魚也南方謂之魿北方謂之鮺从魚差省聲側下切 䰼 鮺也

一曰大魚爲鮺小魚爲䰼从魚今聲徂慘切 鮑 饐魚也从魚包聲薄巧切 魿 蟲連行紆行者从魚令聲郎丁切 鰕

魵也从魚段聲平加切 鰝 大鰕也从魚高聲胡到切 鯦 當互也从魚咎聲其久切 魧 大貝也一曰魚膏从魚亢聲讀若岡古郎切

鮩 蚌也从魚丙聲兵永切 鮚 蚌也从魚吉聲漢律會稽郡獻鮚醬巨乙切 鮅 魚名从魚必聲毗必切 鱹 魚名从魚

瞿聲九遇切 鯸 魚名从魚侯聲平鉤切 鯛 骨耑脃也从魚周聲都僚切 鯙 烝然鯙鯙从魚卓聲都教切 鮁

鱣鮪鮁鮁从魚犮聲北末切 鮇 鮇魚出東萊从魚夫聲甫無切 鯕 魚名从魚其聲渠之切 鮡 魚名从魚兆聲治小切

魮 魚名从魚匕聲呼跨切 鱻 新魚精也从三魚不變魚徐鍇曰三眾也眾而不變是鱻也相然切

文一百三　重七

鰈 比目魚也从魚枼聲土盍切 魮 文魮魚名从魚比聲房脂切 鰩 文鰩魚名从魚䍃聲余招切 文三新附

𩺰二魚也凡𩺰之屬皆从𩺰語居切

𤁹捕魚也从𩺰从水語居切 漁篆文𤁹从魚

文二 重一

燕玄鳥也籋口布翄枝尾象形凡燕之屬皆从燕於甸切

文一

龍鱗蟲之長能幽能明能細能巨能短能長春分而登天秋分而潛淵从肉飛之形童省聲臣鉉等曰象宛轉飛動之皃 凡龍之屬皆从龍力鍾切

龗龍也从龍霝聲郎丁切

龕龍皃从龍合聲口含切

䶬龍耆脊上䶬䶬从龍幵聲古賢切

龖飛龍也从二龍讀若沓徒合切

文五

飛鳥翥也象形凡飛之屬皆从飛甫微切

麻孫本同當作麻

𩙺 翄也从飛異聲与職切 翼 篆文𩙺从羽

文二 重一

非 違也从飛下翄取其相背凡非之屬皆从非 甫微切

𩇦 別也从非己聲非尾切 靡 披靡也从非麻聲文彼切 靠 相違也从非告聲苦到切 陛 牢也所以拘非从非陛省聲 邊兮切

文五

卂 疾飛也从飛而羽不見凡卂之屬皆从卂 息晉切

煢 回疾也从卂營省聲渠營切

文二

說文解字第十一下

說文解字第十二上　漢太尉祭酒許愼記

銀青光祿大夫守右散騎常侍上柱國東海縣開國子食邑五百戶臣徐鉉等奉

敕校定

三十六部　七百七十九文　重八十四

凡九千二百三字

文三十新附

乙 玄鳥也齊魯謂之乙取其鳴自呼象形凡乙之屬皆从乙徐鍇曰此與甲乙之乙相類其形舉首下曲與甲乙字少異烏轄切

鳦 乙或从鳥

孔 通也从乙从子乙請子之候鳥也乙至而得子嘉美之也古人名嘉字子孔康董切

乳 人及鳥生子曰乳獸曰產从孚从乙乙者玄鳥也明堂月令玄鳥至之日祠于高禖以請子故乳从乙請子必以乙至之日者乙春分來秋分去開生之候鳥帝少昊司分之官也而主切

臻篆譌據本作𨀀是也

不 鳥飛上翔不下來也从一一猶天也象形凡不之屬皆从不 方久切

文三 重一

否 不也从口从不不亦聲徐鍇曰不可之意見於言故从口 方久切

文二

至 鳥飛从高下至地也从一一猶地也象形不上去而至下來也凡至之屬皆从至 脂利切

𡉀 古文至

到 至也从至刀聲 都悼切

臻 至也从至秦聲 側詵切

𦤺 忿戾也从至至而復遜遜遁也周書曰有夏氏之民叨𦤺𦤺讀若摯 丑利切

臺 觀四方而高者从至从之从高省與室屋同意 徒哀切

𦤻 到也从二至 人質切

文六 重一

西 鳥在巢上象形日在西方而鳥棲故因以爲

卤篆譌孫本作卤是也

床古文孫本作床
聲孫本同當作省

東西之西凡西之屬皆从西 先稽切

棲 西或从木妻 卤 古文西 卥 籀文西 𧟹 姓也从西圭聲戶圭切 文二 重三

鹵 西方鹹地也从西省象鹽形安定有鹵縣東方謂之㡿西方謂之鹵凡鹵之屬皆从鹵 郎古切

鹺 鹹也从鹵差省聲河內謂之鹺沛人言若虘 昨河切 鹹 銜也北方味也从鹵咸聲 胡毚切 文三

鹽 鹹也从鹵監聲古者宿沙初作煮海鹽凡鹽之屬皆从鹽 余廉切

盬 河東鹽池袤五十一里廣七里周百十六里从鹽省古聲 公戶切 鹼 鹵也从鹽省僉聲 魚欠切 文三

戶 護也半門曰戶象形凡戶之屬皆从戶 侯古切

床 古文戶从木 扉 戶扇也从戶非聲 甫微切 扇 扉也从戶从翄聲 式戰切 房 室在旁也从戶方聲 符方切

闉篆譌孫本作闉是也
臬孫本作臬是也

戻輜車旁推戶也从戶大聲讀與釱同徒蓋切　戹隘也从戶乙聲於革切　肁始開也从戶从聿臣鉉等曰聿者始
也治矯切　扆戶牖之閒謂之扆从戶衣聲於豈切　𢨳閉也从戶劫省聲口盍切　扃外閉之關也从戶冋聲古熒切

文十　重一

門聞也从二戶象形凡門之屬皆从門莫奔切
閶天門也从門昌聲楚人名門曰閶闔尺量切　闈宮中之門也从門韋聲羽非切　𨷆闇謂之樀樀廟門也从門詹聲余廉切
閎巷門也从門厷聲戶萌切　閨特立之戶上圜下方有似圭从門圭聲古攜切　閤門旁戶也从門合聲古沓切　闟
樓上戶也从門翕聲徒盍切　閈門也从門干聲汝南平輿里門曰閈侯旰切　閭里門也从門呂聲周禮五家為比五比為閭閭侶也
二十五家相群侶也力居切　閻里中門也从門臽聲余廉切　壛閻或从土　闠市外門也从門貴聲胡對切　闉
城內重門也从門垔聲詩曰出其闉闍於真切　闍闉闍也从門者聲當孤切　闕門觀也从門欮聲去月切　閞門薄櫨也
从門弁聲皮變切　𨳲門扇也从門介聲胡介切　闔門扇也一曰閉也从門盍聲胡臘切　闑門梱也从門臬聲魚列切

莨孫本作良是也
闟篆譌孫本作闟是也
闢下段云當依匡謬正俗玉篇補古文闢三字
杯孫本作桮是也
閞孫本作開是也
比孫本作紘
[illegible]割孫本作鎋
闌孫本作闌
邦孫本作鄉是也
成孫本作盛是也
隓孫本作隓是也

閾 門榍也从門或聲論語曰行不履閾于逼切 𨶜 古文閾从洫 閬 門高也从門良聲巴郡有閬中縣來宕切 闢
開也从門辟聲房益切 𨳛 虞書曰闢四門从門从𠬞 闟 闢門也从門爲聲國語曰闢門而與之言韋委切 闡 開也从門單聲
易曰闡幽昌善切 開 張也从門从开苦哀切 𨳡 古文 闓 開也从門豈聲苦亥切 閜 大開也从門可聲大杯亦
爲閜火下切 閘 開閉門也从門甲聲烏甲切 閟 閉門也从門必聲春秋傳曰閟門而與之言兵媚切 閣 所以止扉也从門各
聲古洛切 閒 隙也从門从月徐鍇曰夫門夜閉閉而見月光是有閒隙也古閑切 𨳖 古文閒 ⿵門阿 門傾也从門阿聲烏可切 閼
遮擁也从門於聲烏割切 ⿵門緐 開閉門利也从門緐聲一曰縷十比也臣鉉等曰緐非聲未詳旨沇切 𨵼 門聲也从門曷聲乙割切 闀 門嚮
也从門邦聲許亮切 闌 門越也从門東聲洛干切 閑 闌也从門中有木戶閒切 閉 閉門也从門才所以歫門也博計切 閡 外閉
也从門亥聲五溉切 闇 閉門也从門音聲烏紺切 關 以木橫持門戶也从門𢇅聲古還切 ⿵門龠 關下牡也从門龠聲以灼切 闐
成皃从門眞聲待年切 闛 闛闛盛皃从門堂聲徒郎切 閹 豎也宮中奄閽閉門者从門奄聲英廉切 閽 常以昏閉
門隸也从門从昏昏亦聲呼昆切 闚 閃也从門規聲去隓切 ⿵門䜌 妄入宮掖也从門䜌聲讀若闌洛干切 𨳇 登也从門二二古文

嚮孫本作響段疑當作鄉

日孫本作已是也
垂孫本同當作雪
體孫本作憫是也
昆孫本作視是也
䎎篆譌孫本作䎎是也
古孫本作占是也
輙孫本同當从段訂作耴

下字讀若軍敶之敶臣鉉等曰下言有下而登上也故从下商書曰若外高必自下直刃切 閃 闚頭門中也从人在門中失冄切 閱

具數於門中也从門說省聲弋垂切 闋 事日閉門也从門癸聲傾雪切 闞 望也从門敢聲若濫切 闊 疏也从門活声苦括切

閔 弔者在門也从門文聲臣鉉等曰今別作體非是眉殞切 䘉 古文閔 闖 馬出門皃从馬在門中讀若郴丑禁切

文五十七　重六

闤 市垣也从門睘聲戶關切 闥 門也从門達聲他達切 閌 閌閬高門也从門亢声苦浪切 閥 閥閱自序也从

門伐聲義當通用伐房越切 闃 靜也从門狊聲臣鉉等案易窺其戶闃其無人窺小昆也狊大張目也言始小視之雖大張目亦不見人

也義當只用狊字苦狊切

文五　新附

耳 主聽也象形凡耳之屬皆从耳 而止切

耴 耳垂也从耳下垂象形春秋傳曰秦公子輙者其耳下垂故以爲名陟葉切 䎎 小垂耳也从耳古声丁廉切 耽 耳大

垂也从耳冘聲詩曰士之耽兮丁含切 聃 耳曼也从耳冉聲他甘切 𦕒 聃或从甘 聸 垂耳也从耳詹声南方聸耳之國

甘上奪都字孫本不誤

虛孫本同當作盧
尿孫本作梁是也
乘孫本作秦是也
聵篆譌孫本作聵是也

職孫本作戰是也
睹孫本作墮是也
⿱麻耳篆譌孫本作⿱麻耳是也

甘切 耿 耳箸頰也从耳烓省聲杜林說耿光也从光聖省凡字皆左形右聲杜林非也徐鍇曰凡字多右形左聲此說或後人所加或傳寫之誤古杏切

聯 連也从耳耳連於頰也从絲絲連不絕也力延切 聊 耳鳴也从耳卯聲洛蕭切 聖 通也从耳呈聲式正切 聰 察也从耳悤聲倉紅切

聽 聆也从耳𢛳壬聲他定切 聆 聽也从耳令聲郎丁切 職 記微也从耳戠聲之弋切 聒 驩語也从耳昏聲古活切 聥 張耳有所聞也从耳禹聲王矩切

聲 音也从耳殸聲殸籒文磬書盈切 聞 知聞也从耳門聲無分切 䎽 古文从昏 聘 訪也从耳甹聲匹正切

聾 無聞也从耳龍聲虛紅切 聳 生而聾曰聳从耳從省聲息拱切 ⿰耳宰 益尿之州謂聾爲⿰耳宰乘晉聽而不聞聞而不達謂之⿰耳宰从耳宰聲作亥切

聵 聾也从耳貴聲五怪切 ⿰耳欳 聵或从欳臣鉉等曰當从蔽省義見蔽字注 聉 無知意也从耳出聲讀若孼五滑切

⿰耳闋 吳楚之外凡無耳者謂之⿰耳闋言若斷耳爲盟从耳闋聲五滑切 聅 軍法以矢貫耳也从耳从矢司馬法曰小罪聅中罪刖大罪剄恥列切

聝 軍職斷耳也春秋傳曰以爲俘聝从耳或聲古獲切 馘 聝或从首 ⿰耳月 睹耳也从耳月聲魚厥切 ⿱麻耳 乘輿金馬耳也从耳麻聲讀若渳水一曰若月令靡草之靡亡彼切

耹 國語曰回祿信於聆遂闕巨今切 聑 安也从二耳丁帖切 聶 附耳私小語也从三耳尼輒切

文三十二　重四

聱篆譌孫本作聱是也

𦣝汲古本奪十五部首此

戺孫本同小徐本作𢁘是也

掔孫本作掔是也

趨孫本作趣

聱 不聽也从耳敖聲五交切

文一 新附

𦣝 顄也象形凡𦣝之屬皆从𦣝與之切

頤 篆文𦣝 𩠐 籒文从首 巸 廣𦣝也从𦣝巳聲與之切 𢁘 古文巸从戶 臣鉉等曰今俗作牀史切以爲階戺之戺

文二 重三

手 拳也象形凡手之屬皆从手 書九切

𠂿 古文手 掌 手中也从手尚聲諸兩切 拇 將指也从手母聲莫厚切 指 手指也从手旨聲職雉切 拳 手也从手𢍏聲巨員切 掔 手掔也楊雄曰掔握也从手取聲烏貫切 攕 好手皃詩曰攕攕女手从手韱聲所咸切 𢱧 人臂皃从手削聲周禮曰輻欲其𢱧徐鍇曰人臂𢱧長纖好也所角切 摳 繑也一曰摳衣升堂从手區聲口矦切 攐 摳衣也从手褰聲去虔切 撎 舉手下手也从手壹聲於計切 揖 攘也从手咠聲一曰手箸胷曰揖伊入切 攘 推也从手襄聲汝羊切 拱 斂手也从手共聲居竦切 撿 拱也从手僉聲良冉切 𢷎 首至地也从手𠦪 𠦪音忽 徐鍇曰𠦪進趣之疾也故拜从之博怪切 拜 揚雄說拜从兩手下

剌 孫本同 當作刺

𢪘字篆譌 孫本作𢪘是也

令 孫本同 當作食

把字篆譌 孫本作把是也

博了 孫本作博下是也

𢱭 古文拜 捾 搯捾也从手官聲 一曰援也烏括切 搯 捾也从手舀聲周書曰師乃搯搯者拔兵刃以習擊剌詩曰左旋右搯土刀切

㧬 㧬也从手巩聲居竦切 臣鉉等案凡部有巩與巩同此重出 推 排也从手隹聲他回切 捘 推也从手夋聲春秋傳曰捘衛侯之手子寸切

排 擠也从手非聲步皆切 擠 排也从手齊聲子計切 抵 擠也从手氐聲丁礼切 摧 擠也从手崔聲一曰挏也一曰折也昨回切

拉 摧也从手立聲盧合切 挫 摧也从手坐聲則臥切 扶 左也从手夫聲防無切 𢪃 古文扶

𢪘 扶也从手爿聲七良切 持 握也从手寺聲直之切 挈 縣持也从手㓞聲苦結切 拑 脅持也从手甘聲巨淹切

揲 閱持也从手枼聲令折切 摯 握持也从手从執脂利切 操 把持也从手喿聲七刀切 㩴 爪持也从手瞿聲 臣鉉等曰今俗別作掬非是居玉切

捦 急持衣裣也从手金聲巨今切 𢷎 捦或从禁 搏 索持也一曰至也从手尃聲補各切 據 杖持也从手豦聲居御切

攝 引持也从手聶聲書涉切 抩 并持也从手冄聲他含切 抪 捫持也从手布聲普胡切 挾 俾持也从手夾聲胡頰切

捫 撫持也从手門聲詩曰莫捫朕舌莫奔切 擥 撮持也从手監聲盧敢切 擸 理持也从手巤聲良涉切

握 搤持也从手屋聲於角切 𡊇 古文握 撣 提持也从手單聲讀若行遲驒驒徒旱切 把 握也从手巴聲博了切

卷十二上 五

尼孫本作戹是也

詩下孫本有曰字
弓下孫本亦無弓字段補之

搹把也从手鬲聲於革切㧖搹或从尼拏牽引也从手奴聲女加切攜提也从手巂聲戶圭切提
挈也从手是聲杜兮切挕拈也从手耴聲丁愜切拈挕也从手占聲奴兼切摛舒也从手离聲丑知切捨
釋也从手舍聲書冶切擪一指按也从手厭聲於協切按下也从手安聲烏旰切控引也从手空聲詩控于大邦匈奴名引弓控
弦苦貢切揗摩也从手盾聲食尹切掾緣也从手彖聲以絹切拍拊也从手百聲普百切拊揗也从手付聲
芳武切掊把也今鹽官入水取鹽為掊从手咅聲父溝切捋取易也从手寽聲郎括切撩理也从手尞聲以蕭切措
置也从手昔聲倉故切插刺肉也从手从臿楚洽切掄擇也从手侖聲盧昆切擇柬選也从手睪聲丈伯切捉
搤也从手足聲一曰握也側角切搤捉也从手益聲於革切挻長也从手从延延亦聲式連切揃搣也从手前聲即淺切搣
批也从手威聲亡列切批捽也从手此聲側氏切揤捽也从手即聲魏郡有揤裴侯國子力切捽持頭髮也从手卒聲昨沒切
撮四圭也一曰兩指撮也从手最聲倉括切𢱭撮也从手𥷚省聲居六切摕撮取也从手帶聲讀若詩曰螮蝀在東都計切
𢷻摕或从折从示兩手急持人也捊引取也从手孚聲步侯切抱捊或从包臣鉉等曰今作薄報切以為褱裹字非是揜自關以東

手字上奪从宀字孫本不誤

門壯孫本同當作闑壯 黠孫本作黠是也

歷孫本作元毛本作厄与廣韻同

取曰揜一曰覆也从手弇聲衣檢切 授 予也从手从受受亦聲殖酉切 承 奉也受也从手从卩从廾臣鉉等曰謹節其事承奉之義也故从卩署陵切 挋 給也从手臣聲一曰約也章刃切 㨷 拭也从手堇聲居焮切 攩 朋群也从手黨聲多朗切 接 交也从手妾聲子葉切 ⿰扌巿 摧也从手巿聲普活切 挏 擁引也漢有挏馬官作馬酒从手同聲徒總切 招 手呼也从手召聲止搖切 撫 安也从手無聲一曰循也芳武切 㧫 古文从是云 㨉 撫也从手昏聲一曰摹也武巾切 揣 量也从手耑聲度高曰揣一曰捶之徐鍇曰此字與耑聲不相近如喘遄之類皆當从瑞省初委切 抧 開也从手只聲讀若抵掌之抵諸氏切 摜 習也从手貫聲春秋傳曰摜瀆鬼神古患切 投 擿也从手从殳度侯切 擿 搔也从手適聲一曰投也直隻切 搔 括也从手蚤聲穌遭切 扴 刮也从手介聲古黠切 摽 擊也从手票聲一曰挈門壯也符少切 挑 撓也从手兆聲一曰摷也國語曰郤至挑天士凋切 抉 挑也从手夬聲於說切 撓 擾也从手堯聲一曰捄也奴巧切 擾 煩也从手夒聲而沼切 挶 戟持也从手局聲居玉切 据 戟挶也从手居聲九魚切 擖 刮也从手葛聲一曰撻也口八切 摘 拓果樹實也从手啻聲一曰指近之也臣鉉等曰當从適省乃得聲他歷切又竹歷切 搳 擖也从手害聲胡秸切 摲 暫也从手斬聲昨甘切 拹 摺也从手劦聲一曰拉也虛業切 摺 敗也从手習聲之涉切

手孫本作于均誤當作手

擧篆譌孫本作擧是也

搈篆譌孫本作搈是也

扶玉篇同孫本毛本作敷

揭篆譌孫本作揭是也

揫 束也从手秋聲詩曰百祿是揫 即由切 摟 曳聚也从手婁聲 洛侯切 抎 有所失也春秋傳曰抎子辱矣从手云聲 子敏切

披 从旁持曰披从手皮聲 敷羈切 𢫦 引縱曰𢫦从手瘛省聲 尺制切 ⿰扌此 積也詩曰助我舉柴搣頰旁也从手此聲 前智切 掉

搖也从手卓聲春秋傳曰尾大不掉 徒弔切 搖 動也从手䍃聲 余招切 搈 動搈也从手容聲 余隴切 ⿰扌貳 當也从手貳聲 直異

切 揂 聚也从手酋聲 即由切 掔 固也从手臤聲讀若詩赤舄掔掔 臣鉉等曰今別作慳非是 苦閑切 捀 奉也从手夆聲 扶容切

𢹊 對舉也从手輿聲 以諸切 揚 飛舉也从手昜聲 與章切 敭 古文 擧 對舉也从手與聲 居許切 掀

舉出也从手欣聲春秋傳曰掀公出於淖 虛言切 揭 高舉也从手曷聲 去例切又基竭切 抍 上舉也从手升聲易曰抍馬壯吉 蒸

上聲 撜 抍或从登 臣鉉等曰今俗別作拯非是 振 舉救也从手辰聲一曰奮也 章刃切 扛 橫關對舉也从手工聲 古雙切

扮 握也从手分聲讀若粉 房吻切 撟 舉手也从手喬聲一曰撟擅也 居少切 捎 自關已西凡取物之上者為撟捎从手肖聲 所交

切 擁 抱也从手雝聲 於隴切 擩 染也从手需聲周禮六曰擩祭 而主切 揄 引也从手俞聲 羊朱切 搫

搫擭不正也从手般聲 薄官切 擭 搫擭也一曰布擭也一曰握也从手蒦聲 一虢切 拚 拊手也从手弁聲 皮變切 擅 專也

凡

葵孫本同段从戴侗六書故引唐本作度是也

■从孫本同畱作之

籀文从由孫本作㨨或从由段桂王朱皆从之

黠孫本作黠是也

从手亶聲時戰切　揆 葵也从手癸聲求癸切　擬 度也从手疑聲魚已切　損 減也从手員聲穌本切　失 縱也

从手乙聲式質切　挩 解挩也从手兌聲他括切　撥 治也从手發聲北末切　挹 抒也从手邑聲於汲切　抒 挹也从手

予聲神與切　抯 挹也从手且聲讀若樝棃之樝側加切　攫 扟也从手矍聲居縛切　扟 从上挹也从手卂聲讀若莘所臻切

拓 拾也陳宋語从手石聲之石切　摭 拓或从庶　攈 拾也从手麇聲居運切　拾 掇也从手合聲是執切　掇

拾取也从手叕聲都括切　擐 貫也从手睘聲春秋傳曰擐甲執兵胡慣切　揯 引急也从手恆聲古恆切　摍 蹴引也从手宿

聲所六切　⿰扌虔 相援也从手虔聲巨言切　援 引也从手爰聲雨元切　㨨 引也从手畱聲敕鳩切　抽 籀文从由

𢭏 籀或从秀　擢 引也从手翟聲直角切　拔 擢也从手犮聲蒲八切　揠 拔也从手匽聲烏黠切　擣

手推也一曰築也从手𠷎聲都晧切　攣 係也从手䜌聲呂員切　挺 拔也从手廷聲徒鼎切　⿰扌寒 拔取也南楚語从手寒聲楚詞

曰朝搴批之木蘭九輦切　探 遠取之也从手罙聲他含切　撢 探也从手覃聲他紺切　捼 推也从手委聲一曰兩手相切摩也

臣鉉等曰今俗作挼非是奴禾切　撆 別也一曰擊也从手敝聲芳滅切　撼 搯也从手咸聲臣鉉等曰今別作撼非是胡感切　⿰扌易

辟孫本作引是也

揅摩也从手研聲
小徐本有此字在摩字下今補錄

擣孫本作撝是也

溉孫本作摡此作溉与今本
毛詩檜風匪風合釋文古本
文作摡

按也从手弱聲尼革切 掎 偏引也从手奇聲居綺切 揮 奮也从手軍聲許歸切 摩 研也从手麻聲莫婆切 𢳆 反手擊也从手毘聲匹齊切 攪 亂也从手覺聲詩曰祇攪我心古巧切 搑 推擣也从手茸聲而隴切 撞 丮擣也从手童聲宅江切 捆 就也从手因聲於眞切 扔 因也从手乃聲如乘切 括 絜也从手昏聲古活切 抲 抲撝也从手可聲周書曰盡執抲虎何切 擘 撝也从手辟聲博戹切 撝 裂也从手爲聲一曰手指也許歸切 捇 裂也从手赤聲呼麥切 扐 易筮再扐而後卦从手力聲盧則切 技 巧也从手支聲渠綺切 摹 規也从手莫聲莫胡切 拙 不巧也从手出聲職說切 𢶍 縫指揩也一曰韜也从手沓聲讀若眔徒合切 摶 圜也从手專聲度官切 㨡 手推之也从手圂聲戶骨切 捄 盛土於梩中也一曰擾也詩曰捄之陾陾从手求聲舉朱切 拮 手口共有所作也从手吉聲詩曰予手拮据古屑切 搰 掘也从手骨聲戶骨切 掘 搰也从手屈聲衢勿切 掩 斂也小上曰掩从手奄聲衣檢切 摡 滌也从手既聲詩曰溉之釜鬵古代切 揟 取水沮也从手胥聲武威有揟次縣相居切 播 種也一曰布也从手番聲補過切 𢿾 古文播 挃 穫禾聲也从手至聲詩曰穫之挃挃陟栗切 㨖 刺也从手致聲一曰刺之財至也陟利切 扤 動也从手兀聲五忽切 抈

駭孫本作駴是也

擊手宋家議孫本作毄声是也

毄孫本作轂是也

剌孫本同當作刺

宣玉字文仲字鑑同孫本作畫玉篇畫也

折也从手月聲魚厥切 摎 縛殺也从手翏聲居求切 㺚 鄉飲酒罰不敬撻其背从手達聲他達切 𨔶 古文撻周書曰遽以記之 掕 止馬也从手夌聲里甑切 抨 撣也从手平聲普耕切 捲 气勢也从手卷聲國語曰有捲勇一曰捲收也臣鉉等曰今俗作居轉切以爲收捲之捲巨員切 扱 收也从手及聲楚洽切 摷 拘擊也从手巢聲子小切 挨 擊背也从手矣聲於駭切 撲 挨也从手菐聲蒲角切 擊 旁擊也从手敫聲苦弔切 扚 疾擊也从手勺聲都了切 抶 笞擊也从手失聲敕栗切 抵 側擊也从手氏聲諸氏切 抰 以車鞅擊也从手央聲於兩切 [illegible] 衣上擊也从手保聲方奇切 捭 兩手擊也从手卑聲北買切 捶 以杖擊也从手垂聲之壘切 搉 敲擊也从手隺聲苦角切 摬 中擊也从手竟聲一敬切 拂 過擊也从手弗聲徐鍇曰擊而過之也敷物切 𢹿 擣頭也从手堅聲讀若鏗尒舍瑟而作口莖切 抌 深擊也从手冘聲讀若告言不正曰抌竹甚切 㩓 傷擊也从手毀毀亦聲古歷切 擊 攴也从手毄聲古歷切 扞 忮也从手干聲侯旰切 抗 扞也从手亢聲苦浪切 杭 抗或从木臣鉉等曰今俗作胡郎切 捕 取也从手甫聲薄故切 簎 刺也从手籍省聲周禮曰簎魚鼈士革切 撚 執也从手然聲一曰蹂也乃殄切 挂 宣也从手圭聲古賣切 拕 曳也从手它聲託何切 捈 臥引也从

押據本作抑是也

擽據本作擽是也

捈　手余聲同都切

抴　捈也从手世聲余制切

揙　撫也从手扁聲婢沔切

撅　从手有所把也从手厥聲居月切

攎　挐持也从手盧聲洛乎切

挐　持也从手如聲女加切

搵　沒也从手𥁕聲烏困切

搒　掩也从手旁聲北孟切

挌　擊也从手各聲古覈切

拲　兩手同械也从手从共共亦聲周禮上辠梏拲而桎居竦切

𣙢　拲或从木

掫　夜戒守有所擊从手取聲春秋傳曰賓將掫子侯切

捐　棄也从手肙聲與專切

掤　所以覆矢也从手朋聲詩曰抑釋掤忌筆陵切

扜　指麾也从手亏聲億俱切

麾　旌旗所以指麾也从手靡聲許爲切

捷　獵也軍獲得也从手疌聲春秋傳曰齊人來獻戎捷疾葉切

扣　牽馬也从手口聲丘后切

掍　同也从手昆聲古本切

搜　衆意也一曰求也从手叜聲詩曰束矢其搜所鳩切

換　易也从手奐聲胡玩切

掖　以手持人臂投地也从手夜聲一曰臂下也羊益切

文二百六十五　重十九

摦　橫大也从手瓠聲胡化切

攙　刺也从手毚聲楚銜切

搢　插也从手晉聲搢紳前史皆作薦紳即刃切

掠　奪取也从手京聲本音亮唐韻或作擽離灼切

掐　爪刺也从手臽聲苦洽切

捻　指捻也从手念聲奴協切

拗　手拉也从手幼聲於絞切

摵　捎也从手戚聲沙劃切

捌　方言云無齒杷从手別聲百轄切

攤　開也从手難聲他干切

抛　棄也从手从尤

从力或从手勉聲案左氏傳通用摽詩摽有梅摽落也義亦同匹交切

摴 舒也又摴蒱戲也从手雩聲丑居切

打 擊也从手丁聲都挺切

文十三 新附

𠦬 背呂也象脅肋也凡𠦬之屬皆从𠦬古懷切

脊 背呂也从𠦬从肉資昔切

文二

說文解字第十二上

言𩖏孫本同孫顥曰本或作言𩖏或作言𩖏皆誤繫傳作言𩖏稍優然言𩖏亦言𩖏聲所未詳也

曰孫本作說

說文解字第十二下　漢太尉祭酒許氏記

銀青光祿大夫守右散騎常侍上柱國東海縣開國子食邑五百戶臣徐鉉等奉

敕校定

女 婦人也象形王育說凡女之屬皆从女 尼呂切

姓 人所生也古之神聖母感天而生子故稱天子从女从生生亦聲春秋傳曰天子因生以賜姓息正切 姜 神農居姜水以爲姓从女羊聲居良切 姬 黃帝居姬水以爲姓从女𦣞聲居之切 姞 黃帝之後百鯈姓后稷妃家也从女吉聲巨乙切 嬴 少昊氏之姓从女𣎆省聲以成切 姚 虞舜居姚虛因以爲姓从女兆聲或爲姚嬈也史篇以爲姚易也余招切 媯 虞舜居媯汭因以爲氏从女爲聲居爲切 妘 祝融之後姓也从女云聲王分切 䢵 籀文妘从員 姺 殷諸侯爲亂疑姓也从女先聲春秋傳曰商有姺邳所臻切 嫸 人姓也从女然聲奴見切 㚖 人姓也从女丑聲商書曰無有作㚖呼到切 娸 人姓也从女其聲杜林說娸醜也去其切 奼 少女也从女乇聲坼下切 媒 謀也謀合二姓从女某聲莫桮切 妁 酌也斟酌二姓也从女勺聲市勺切 嫁 女適人也从女家聲古訝切 娶 取婦也从女从取取亦聲七句切 婚 婦家也禮娶婦以昏時婦人陰也故曰婚从女从昏昏亦聲呼昆切 㥃 籀文婚 姻 壻家也女之所因故曰姻从女

偁孫本作偁是也
嫗孫本作嫗是也
戚篆譌孫本作威是也
三戌字均當作戌孫本亦誤
歿孫本作歿

因因亦聲於眞切 婣 籀文姻从𣶒 妻 婦與夫齊者也从女从屮从又又持事妻職也臣鉉等曰屮者進也齊之義也故从屮七稽切 𡜌 古文

妻从肖女肖古文貴字 婦 服也从女持帚灑掃也房九切 妃 匹也从女己聲芳非切 媲 妃也从女𣬉聲匹計切 妊 孕也从女

从壬壬亦聲如甚切 娠 女妊身動也从女辰聲春秋傳曰后緡方娠一曰官婢女隸謂之娠失人切 媰 婦人妊身也从女芻聲周書曰至于媰婦側鳩切

嬎 生子齊均也从女从生免聲芳萬切 嫛 婗也从女殹聲烏雞切 婗 嫛婗也从女兒聲一曰婦人惡皃五雞切 母 牧也从女象褱

子形一曰象乳子也莫后切 嫗 母也从女區聲衣遇切 媼 女老偁也从女昷聲讀若奧烏皓切 姁 嫗也从女句聲況羽切 姐

蜀謂母曰姐淮南謂之社从女且聲茲也切 姑 夫母也从女古聲古胡切 威 姑也从女从戌漢律曰婦告威姑徐鍇曰土盛於戌土陰之主也故

从戌於非切 妣 歿母也从女比聲卑履切 𡛮 籀文妣省 姊 女兄也从女𠂔聲將几切 妹 女弟也从女未聲莫佩切 娣 女弟

也从女从弟弟亦聲徒礼切 媦 楚人謂女弟曰媦从女胃聲公羊傳曰楚王之妻媦云貴切 嫂 兄妻也从女叜聲穌老切 姪 兄之

女也从女至聲徒結切 姨 妻之女弟同出爲姨从女夷聲以脂切 妿 女師也从女加聲杜林說加教於女也讀若阿烏何切 娒

女師也从女每聲讀若母莫后切 媾 重婚也从女冓聲易曰匪寇婚媾古候切 姼 美女也从女多聲尺氏切 𡛖 姼或从氏

千孫本作于是也
春孫本作舂是也

始孫本作姶是也

妭 婦人美也从女犮聲蒲撥切 㜎 女隸也从女奚聲胡雞切 婢 女之卑者也从女从卑卑亦聲便俾切 奴 奴婢皆古之辠
人也周禮曰其奴男子入于辠隸女子入于舂藁从女从又臣鉉等曰又手也持事者也乃都切 [illegible] 古文奴从人 㚦 婦官也从女弋聲與職切
媊 甘氏星經曰太白上公妻曰女媊女媊居南斗食厲天下祭之曰明星从女前聲昨先切 媧 古之神聖女化萬物者也从女咼聲古蛙切 [illegible]
籒文媧从𤔔 娀 帝高辛之妃偰母號也从女戎聲詩曰有娀方將息弓切 娥 帝堯之女舜妻娥皇字也秦晉謂好曰娙娥从女我聲五何切 嫄
台國之女周棄母字也从女原聲愚袁切 嬿 女字也从女燕聲於甸切 妸 女字也从女可聲讀若阿烏何切 嬃 女字也楚詞曰女嬃之嬋媛賈
侍中說楚人謂姊爲嬃从女須聲相俞切 婕 女字也从女疌聲子葉切 嬩 女字也从女與聲讀若余以諸切 孁 女字也从女霝聲郎
丁切 嫽 女字也从女尞聲洛蕭切 㛺 女字也从女衣聲讀若衣於稀切 婤 女字也从女周聲職流切 姶 女字也从女合
聲春秋傳曰嬖人婤姶一曰無聲烏合切 妀 女字也从女己聲居擬切 妵 女字也从女主聲天口切 [illegible] 女字也从[illegible]聲卑支切
[illegible] 女號也从女耳聲仍吏切 始 女之初也从女台聲詩止切 媚 說也从女眉聲美秘切 嫵 媚也从女無聲文甫切 媄
色好也从女从美美亦聲無鄙切 [illegible] 媚也从女畜聲丑六切 嫷 南楚之外謂好曰嫷从女隋聲臣鉉等曰今俗省作媠唐韻作妥非是徒

㬎孫本作㬎是也

妃孫本同當作夗

緣孫本作緣是也

⿰女卮當作⿰女卮孫本不誤

⿰女卮孫本同當作⿰女厄

卮孫本同當作厄

姑篆譌孫本作⿰女占是也

果切 姝 好也从女朱聲昌朱切 好 美也从女子徐鍇曰子者男子之美偁會意呼皓切 嬹 說也从女興聲許應切 嬮

好也从女猒聲於鹽切 㚾 好也从女殳聲詩曰靜女其㚾昌朱切 姣 好也从女交聲胡茅切 嫽 好也从女尞聲讀若蜀郡布名

委員切 娧 好也从女兌聲杜外切 媌 目裏好也从女苗聲莫交切 嫿 靜好也从女畫聲呼麥切 婠 體德好也从女官聲

讀若楚郤宛一完切 娙 長好也从女巠聲五莖切 ⿰女贊 白好也从女贊聲則旰切 㜻 順也从女𤔔聲詩曰婉兮㜻兮力沇切 㜻

籀文㜻 妴 婉也从女妃聲於阮切 婉 順也从女宛聲春秋傳曰太子痤婉於阮切 姛 直項皃从女同聲他孔切 ⿰女㬎 長皃从女

㬎聲於建切 姌 弱長皃从女冄聲而琰切 嫋 姌也从女从弱奴鳥切 孅 兌細也从女韱聲息廉切 嫇 嬰嫇也从女冥聲一

曰嫇嫇小人皃莫經切 媱 曲肩行皃从女䍃聲余招切 嬛 材緊也从女睘聲春秋傳曰嬛嬛在疚許緣切 姽 閑體行姽姽也从女危聲過

委切 委 委隨也从女从禾臣鉉等曰委曲也取其禾穀垂穗委曲之皃故从禾於詭切 婐 ⿰女卮也一曰女侍曰婐讀若騧或若委从女果聲孟軻曰舜爲

天子二女婐烏果切 ⿰女卮 婐⿰女卮也一曰弱也从女卮聲五果切 姑 小弱也一曰女輕薄善走也一曰多技藝也从女占聲或讀若占齒讇切 ⿰女沾

⿱沾女姈也从女沾聲丑廉切 姈 ⿱沾女姈也一曰善笑皃从女今聲火占切 ⿰女簋 竦身也从女簋聲讀若詩糾糾葛屨居夭切 婧 竦立也从女青

娩孫本作嬔是也

聲一曰有才也讀若韭菁七正切 妌 靜也从女井聲疾正切 姂 婦人皃从女乏聲房法切 嫙 好也从女旋聲似沿切 [illegible]

材也从女齊聲祖雞切 姡 面醜也从女昏聲古活切 嬥 直好皃一曰嬈也从女翟聲徒了切 嫢 媞也从女規聲讀若癸秦晉謂細爲嫢居隨切

媞 諦也一曰妍黠也一曰江淮之閒謂母曰媞从女是聲承旨切 婺 不繇也从女敄聲亡遇切 嫺 雅也从女閒聲戶閒切 媐

說樂也从女配聲許其切 婜 美也从女臤聲苦閑切 娛 樂也从女吳聲噳俱切 娭 戲也从女矣聲一曰卑賤名也遏在切 媅

樂也从女甚聲丁含切 娓 順也从女尾聲讀若媚無匪切 嫡 孎也从女啻聲都歷切 孎 謹也从女屬聲讀若人不孫爲孎之欲切 [illegible]

宴娩也从女冤聲於願切 媕 女有心媕媕也从女弇聲衣檢切 [illegible] 謓也从女[illegible]聲而琰切 嫥 壹也从女專聲一曰嫥嫥職緣切 如

隨也从女从口徐鍇曰女子从父之教从夫之命故从口會意人諸切 嫧 齊也从女責聲側革切 娕 謹也从女束聲讀若謹敕數數測角切 嬐

敏疾也一曰莊敬皃从女僉聲息廉切 嬪 服也从女賓聲符真切 [illegible] 至也从女執聲周書曰大命不摯讀若摯同一曰虞書雉摯脂利切 [illegible]

俛伏也从女沓聲一曰伏意他合切 妟 安也从女日詩曰以妟父母烏諫切 嬗 緩也从女亶聲一曰傳也時戰切 嫴 保任也从女辜聲古胡切

媻 奢也从女般聲臣鉉等曰今俗作婆非是薄波切 娑 舞也从女沙聲詩曰市也婆娑素何切 姷 耦也从女有聲讀若祐于救切

於孫本作引

如孫本作妒是也
冐孫本作冒是也
調孫本作讇是也

他孫本同毛本作也是也
待孫本作徒
婞篆譌孫本作婞是也

侑 姷或从人
姰 鈞適也男女併也从女旬聲居勻切
姕 婦人小物也从女此聲詩曰屢舞姕姕即移切
妓 婦人小物也从女支聲讀若跂行渠綺切
嬰 頸飾也从女賏賏其連也於盈切
㛪 三女爲㛪㛪美也从女奻省聲倉案切
媛 美女也人所援也从女从爰爰於也詩曰邦之媛兮玉眷切
娉 問也从女甹聲匹正切
娽 隨從也从女彔聲力玉切
妝 飾也从女牀省聲側羊切
孌 慕也从女䜌聲力沇切
媟 嬻也从女枼聲私列切
嬻 媟嬻也从女賣聲徒谷切
[illegible] 短面也从女竅聲丁滑切
嬖 便嬖愛也从女辟聲博計切
[illegible] 難也从女毄聲苦賣切
妎 如也从女介聲胡蓋切
妒 婦妒夫也从女戶聲當故切
媢 夫妒婦也从女冐聲一曰相視也莫報切
妖 巧也一曰女子笑皃詩曰桃之妖妖从女芺聲於喬切
佞 巧調高材也从女信省臣鉉等曰女子之信近於佞也乃定切
嫈 小心態也从女熒省聲烏莖切
嫪 婟也从女翏聲郎到切
婟 嫪也从女固聲胡誤切
姿 態也从女次聲即夷切
[illegible] 嬌也从女虘聲將預切
妨 害也从女方聲敷方切
妄 亂也从女亡聲巫放切
媮 巧黠也从女俞聲託侯切
[illegible] 婆 卤
貪也从女污聲胡古切
娋 小小侵他从女肖聲息約切
[illegible] 量也从女朵聲丁果切
妯 動也从女由聲徐鍇曰當从冑省待歷切
嫌 不平於心也一曰疑也从女兼聲戶兼切
媘 減也从女省聲所景切
婼 不順也从女若聲春秋傳曰叔孫婼丑略切
婞 很也从女幸聲楚詞

嬒篆譌孫本作嬒是也

戉孫本作戉是也

嫚篆譌孫本作嫚是也

卧孫本同段訂作臥是也

曰鯀婞直胡頂切 嫳 易使怒也从女敝聲讀若擊擎匹滅切 嫸 好枝格人語也一曰靳也从女善聲旨善切 娺 疾悍也从女叕聲讀若唾丁滑切 嬒 含怒也一曰難知也从女酓聲詩曰碩大且嬒五感切 娿 陰阿娿也从女阿聲烏何切 妍 技也一曰不省錄事一曰難侵也一曰惠也一曰安也从女幵聲讀若研五堅切 娃 圜深目皃或曰吳楚之閒謂好曰娃从女圭聲於佳切 㜲 不媚前卻陝陝也从女陝聲失冉切 妜 鼻目閒皃讀若煙火炔炔从女決省聲於說切 孈 愚戇多態也从女巂聲讀若隓式吹切 ⿰女恚 不說也从女恚聲於避切 嫼 怒皃从女黑聲呼北切 ⿰女戉 輕也从女戉聲王伐切 嫖 輕也从女票聲匹招切 ⿰女坐 訬疾也从女坐聲昨禾切 姎 女人自偁我也从女央聲烏浪切 媁 不說皃从女韋聲羽非切 婎 姿婎姿也从女隹聲一曰醜也許惟切 ⿰女弦 有守也从女弦聲胡田切 媥 輕皃从女扁聲芳連切 嫚 侮易也从女曼聲謀患切 ⿰女臿 疾言失次也从女臿聲讀若懾丑聶切 嬬 弱也一曰下妻也从女需聲相俞切 婄 不肖也从女咅聲讀若竹皮箁匹才切 嬯 遲鈍也从女臺聲闒嬯亦如之徒哀切 ⿰女覃 下志貪頑也从女覃聲讀若深乃忝切 ⿰女參 婪也从女參聲七感切 婪 貪也从女林聲杜林說卜者黨相詐驗爲婪讀若潭盧含切 嬾 懈也怠也一曰臥也从女賴聲洛旱切 婁 空也从母中女空之意也一曰婁務也洛侯切 ⿱囧女 古文 娎 婺娎也从女折聲許列切 ⿰女夾 得志婡婡一曰婡息也一曰少气也从女夾聲呼帖切 嬈

婓 孫本作婓是也

甾 孫本作𡿺是也

姤篆譌 孫本作姤是也

苛也一曰擾戲弄也一曰嬥也从女堯聲奴鳥切 㛼 惡也一曰人皃从女毀聲許委切 姍 誹也一曰翼便也从女刪省聲所晏切 媨 醜也一曰老嫗也从女酋聲讀若蹴七宿切 嫫 嫫母都醜也从女莫聲莫胡切 婓 往來婓婓也一曰醜皃从女非聲芳非切 孃 煩擾也一曰肥大也从女襄聲女良切 嬒 女黑色也从女會聲詩曰嬒兮蔚兮古外切 媆 好皃从女耎聲而沇切臣鉉等案切韻又音奴困切今俗作嫩非是 婩 誣挐也从女奄聲依劒切 𡢃 過差也从女監聲論語曰小人窮斯𡢃矣盧瞰切 嫯 侮易也从女敖聲五到切 婬 私逸也从女㸒聲余箴切 姘 除也漢律齊人予妻婢姦曰姘从女并聲普耕切 奸 犯婬也从女从干干亦聲古寒切 姅 婦人汙也从女半聲漢律曰見姅變得侍祠博幔切 娗 女出病也从女廷聲徒鼎切 婥 女病也从女卓聲奴教切 娷 諉也从女垂聲竹恚切 㛴 有所恨也从女𡿺省聲今汝南人有所恨曰㛴臣鉉等曰𡿺古囟字非聲當从匘省奴皓切 媿 慙也从女鬼聲俱位切 聭 媿或从恥省 姦 私也从三女古顏切 𢙷 古文姦从心旱聲

文二百三十八　重十三

嬙 婦官也从女牆省聲才良切 妲 女字妲己紂妃从女旦聲當割切 嬌 姿也从女喬聲舉喬切 嬋 嬋娟態也从女單聲市連切 娟 嬋娟也从女肙聲於緣切 嫠 無夫也从女𠩺聲里之切 姤 偶也从女后聲古候切

文七　新附

嫩

毋 止之也从女有奸之者凡毋之屬皆从毋（武扶切）

毐 （人無行也从士从毋賈侍中說秦始皇母與嫪毐淫坐誅故世罵淫曰嫪毐讀若娭遏在切）

文二

民 衆萌也从古文之象凡民之屬皆从民（彌鄰切）

𠇒 （古文民）

氓 （民也从民亡聲讀若盲武庚切）

文二　重一

丿 右戾也象左引之形凡丿之屬皆从丿（徐鍇曰其爲文舉首而申體也房密切）

乂 （芟艸也从丿从乀相交魚廢切）

刈 （乂或从刀）

弗 （撟也从丿从乀从韋省分勿切臣鉉等曰韋所以束枉戾也）

乀 （左戾也从反丿讀與弗同分勿切）

文四　重一

乁 抴也明也象抴引之形凡乁之屬皆从乁虒字从此（徐鍇曰象丿而不舉首余制切）

裹 孫本作衺是也

山名 孫本同當从徐本作名山

未 孫本作末是也

弋 橜也象折木裹銳著形从厂象物挂之也與職切 文一

乀 流也从反厂讀若移凡乀之屬皆从乀弋支切

也 女陰也象形羊者切 𠯑 秦刻石也字 文二 重一

氏 巴蜀山名岸脅之旁著欲落墮者曰氏氏崩聞數百里象形乀聲凡氏之屬皆从氏楊雄賦響若氏隤承旨切

氒 木本从氏大於末讀若厥居月切 文二

氐 至也从氏下著一一地也凡氐之屬皆从氐丁礼切

⿰氐垔 臥也从氐垔聲於進切 ⿰氐失 觸也从氐失聲徒結切 [illegible] 闕臣鉉等案今篇韻音厥又音致注云誤也

文四

士孫本同當作在
刺孫本同當作刺

戈 平頭戟也从弋一橫之象形凡戈之屬皆从戈 古禾切

肇 上諱 臣鉉等曰後漢和帝名也案李舟切韻云擊也从戈肁聲直小切 戎 兵也从戈从甲如融切 戣 周禮侍臣執戣立于東垂兵也从戈癸聲渠追切 𢧀 盾也从戈旱聲侯旰切 戟 有枝兵也从戈倝周禮戟長丈六尺讀若棘臣鉉等曰倝非聲義當从榦省榦枝也 戛 戟也从戈从百讀若棘古黠切 賊 敗也从戈則聲昨則切 戍 守邊也从人持戈傷遇切 戰 鬬也从戈單聲之扇切 戲 三軍之偏也一曰兵也从戈䖒聲香義切 戜 利也一曰剔也从戈呈聲徒結切 或 非也从口从戈又从一一地也于逼切臣鉉等曰今俗作胡國切以為疑或不定之意 域 或又从土臣鉉等曰今無復或音 𢧵 斷也从戈雀聲昨結切 𢦟 殺也从戈今聲商書曰西伯既𢦟黎口含切 戕 槍也他國臣來弒君曰戕从戈爿聲士良切 戮 殺也从戈翏聲力六切 戡 刺也从戈甚聲竹甚口含二切 戭 長槍也从戈寅聲春秋傳有擣戭弋刃以淺二切 𢦒 傷也从戈才聲祖才切 𢨍 滅也从戈晉聲詩曰實始𢨍商即淺切 𢦦 絕也一曰田器从从持戈古文讀若咸讀若詩云攕攕女手臣鉉等曰𢦏銳意也故从从子廉切 武 楚莊王曰夫武定功戢兵故止戈為武文甫切 戢

戢 藏兵也从戈咠聲詩曰載戢干戈阻立切 戠 闕从戈从音之弋切 戔 賊也从二戈周書曰戔戔巧言徐鍇曰兵多則殘也故从二戈昨千切

文二十六　重一

戉 斧也从戈𠂆聲司馬法曰夏執玄戉殷執白戚周左杖黃戉右秉白髦凡戉之屬皆从戉 臣鉉等曰今俗別作鉞非是王伐切

戚 戉也从戉尗聲倉歷切

文二

我 施身自謂也或說我頃頓也从戈从手手或說古垂字一曰古殺字凡我之屬皆从我 徐鍇曰从戈者取戈自持也五可切

𢦶 古文我

義 己之威儀也从我羊 臣鉉等曰此與善同意故从羊宜寄切

羛 墨翟書義从弗魏郡有羛陽鄉讀若錡今

屬鄴本内黃北二十里 文二 重二

亅 鉤逆者謂之亅象形凡亅之屬皆从亅讀若橜 衢月切

乚 鉤識也从反亅讀若捕鳥罬居月切

文二

珡 禁也神農所作洞越練朱五弦周加二弦象形凡珡之屬皆从珡 巨今切

䥑 古文珡从金

瑟 庖犧所作弦樂也从珡必聲所櫛切

𤨕 古文瑟

文二 重二

琵 琵琶樂器从珡比聲房脂切

琶 琵琶也从珡巴聲義當用枇杷蒲巴切

文二 新附

乚 匿也象迟曲隱蔽形凡乚之屬皆从乚讀若隱 於謹切

丨孫本作十是也

曰孫本作亡是也
望孫本同當作朢

兩孫本作丙是也

直 正見也从乚从十从目徐鍇曰乚隱也今十目所見是直也除力切 𥄂 古文直 文二 重一

亡 逃也从入从乚凡亡之屬皆从亡武方切

乍 止也一曰亡也从亡从一徐鍇曰出亡得一則止暫止也鉏駕切 望 出亡在外望其還也从亡朢省聲巫放切 無 亡也从亡無聲 无 奇字无通於元者王育說天屈西北爲无武扶切 匃 气也逯安說亡人爲匃古代切 文五 重一

匸 衺徯有所俠藏也从乚上有一覆之凡匸之屬皆从匸讀與徯同胡礼切

區 踦區藏匿也从品在匸中品衆也豈俱切 匿 亡也从匸若聲讀如羊騶箠女力切 丙 側逃也从匸兩聲一曰箕屬臣鉉等曰丙非聲義當从内會意疑傳寫之誤盧候切 匽 匿也从匸晏聲於蹇切 医 盛弓弩矢器也从匸从矢國語曰兵不解医於計切 匹 四丈也从八匸八揲一匹八亦聲普吉切 文七

匚 受物之器象形凡匚之屬皆从匚讀若方府良切

飲段从小徐作飯是也
筐篆譌孫本作筐是也
羹孫本作羮是也
柄孫本作柄是也
匴篆譌孫本作匴是也
籔孫本作籔是也
箕孫本同當作箕

曰孫本同當作巨

壬孫本作王是也

𠙹篆譌孫本作𠙹是也

匚 籒文匚 匠 木工也从匚从斤斤所以作器也疾亮切 匧 藏也从匚夾聲苦叶切 篋 匧或从竹 匡 飲器筥也从匚㞷聲去王切 筐 匡或从竹 匜 似羹魁柄中有道可以注水从匚也聲移尒切 匴 渌米籔也从匚算聲穌管切 𠥆 小桮也从匚贛聲古送切 𣓌 𠥆或从木 匪 器似竹筐从匚非聲逸周書曰實玄黃于匪非尾切 𠥂 古器也从匚倉聲七岡切 𠥃 田器也从匚攸聲徒聊切 𠥈 田器也从匚異聲與職切 匫 古器也从匚曶聲呼骨切 匬 甌器也从匚俞聲度侯切 匱 匣也从匚貴聲求位切 匵 匱也从匚賣聲徒谷切 匣 匱也从匚甲聲胡甲切 匯 器也从匚淮聲胡罪切 柩 棺也从匚从木久聲巨救切 匶 籒文柩 匰 宗廟盛主器也周禮曰祭祀共匰主从匚單聲都寒切

文十九 重五

曲 象器曲受物之形或說曲蠶薄也凡曲之屬皆从曲丘玉切

𠃊 古文曲 𢏩 骫曲也从曲王聲丘玉切 𠙹 古器也从曲甾聲土刀切

文三 重一

詞孫本作詞是也

𣂁孫本作𣂁是也

旅孫本作林是也

从孫本作以是也

抵段云抵不成字轉寫譌舛

允孫本作瓦是也

甑籀文譌孫本作䰝是也

外孫本作升是也

瓮孫本同當作公瓦

甾 東楚名缶曰甾象形凡甾之屬皆从甾 側詞切

𠚋 古文

疀 𣂁也古田器也从甾疌聲楚洽切

畚 𤰈屬蒲器也所以盛種从甾弁聲布忖切

𤰈 𢌳也从甾弁聲杜林以爲竹筥揚雄以爲蒲器讀若軿薄經切

𠧧 𦈢也从甾虍聲讀若盧同洛乎切

𤮏 篆文𠧧

𦉼 籀文𠧧

文五 重三

瓦 土器已燒之總名象形凡瓦之屬皆从瓦 五寡切

瓬 周家搏埴之工也从瓦方聲讀若抵破之抵臣鉉等曰抵音允非聲未詳分兩切

甄 匋也从瓦垔聲居延切

甍 屋棟面从瓦夢省聲徐鍇曰所以承瓦故从瓦莫耕切

甑 甗也从瓦曾聲子孕切

䰝 籀文甑从鬲

甗 甑也一曰穿也从瓦鬳聲讀若言魚蹇切

瓵 甌瓿謂之瓵从瓦台聲與之切

瓽 大盆也从瓦尚聲丁浪切

甌 小盆也从瓦區聲烏侯切

瓮 罌也从瓦公聲烏貢切

㼦 似罌長頸受十外讀若洪从瓦工聲古雙切

𤭛 小盂也从瓦夗聲臣鉉等曰今俗別作椀非是烏管切

瓴 瓮似瓶也从瓦令聲郎丁切

㼰 罌謂之㼰从瓦卑聲部迷切

甂 似小瓿大口而卑用食从瓦扁聲芳連切

瓿 甂也从瓦音聲蒲口切

上徐本同當作与

瓮器也从瓦容聲上封切 甓瓴甓也从瓦辟聲詩曰中唐有甓扶歷切 甃井壁也从瓦秋聲側救切 甈康瓠破罌

从瓦臬聲魚例切 𤮿甈或从埶 㼮瑳垢瓦石从瓦爽聲初兩切 ⿰耎瓦蹈瓦聲从瓦耎聲零帖切 ⿰今瓦治橐榦也从瓦今

聲胡男切 ⿰卒瓦破也从瓦卒聲穌對切 瓪敗也从瓦反聲布綰切

文二十五　重一

瓷瓦器从瓦次聲疾資切 瓻酒器从瓦稀省聲丑脂切

文二　新附

弓以近窮遠象形古者揮作弓周禮六弓王弓弧弓以射甲革甚質夾弓庾弓以射干侯鳥獸唐弓大弓以授學射者凡弓之屬皆从弓居戎切

弴畫弓也从弓𦎫聲都昆切 弭弓無緣可以解轡紛者从弓耳聲緜婢切 𢐀弭或从兒 弲角弓也洛陽名弩曰弲从弓肙聲烏玄切 弧木弓也从弓瓜聲一曰往體寡來體多曰弧戶吴切 弨弓反也从弓召聲詩曰彤弓弨兮尺招切 ⿰弓雚弓曲也从弓雚聲九院切 彄弓弩耑弦所居也从弓區聲恪侯切 ⿰弓繇弓便利也从弓繇聲讀若燒火招切 張施弓弦也从弓

長聲陟良切

彏 弓急張也从弓矍聲許縛切

弸 弓彊皃从弓朋聲父耕切

彊 弓有力也从弓畺聲巨良切

彎 持弓關矢也从弓䜌聲烏關切

引 開弓也从弓丨臣鉉等曰象引弓之形余忍切

弙 滿弓有所鄉也从弓于聲哀都切

弘 弓聲也从弓厶聲厶古文肱字胡肱切

𢐖 弛弓也从弓璽聲斯氏切

弛 弓解也从弓从也施氏切

𢐅 弛或从虒

弢 弓衣也从弓从叏叏垂飾與鼓同意土刀切

弩 弓有臂者周禮四弩夾弩庾弩唐弩大弩从弓奴聲奴古切

彀 張弩也从弓𣪊聲古候切

彉 弩滿也从弓黃聲讀若郭苦郭切

彃 䠶也从弓畢聲楚詞曰芎焉彃日卑吉切

彈 行丸也从弓單聲徒案切

𢎾 彈或从弓持丸

發 䠶發也从弓𤼵聲方伐切

羿 帝嚳䠶官夏少康滅之从弓幵聲論語曰羿善䠶五計切

文二十七　重三

弜 彊也从二弓凡弜之屬皆从弜 其兩切

弼 輔也重也从弜西聲徐鍇曰西舌也非聲舌柔而弜剛以柔从剛輔弼之意房密切

𢐀 弼或如此

𢏥 𢐂 並古文弼

文二　重三

弦 弓弦也从弓象絲軫之形凡弦之屬皆从弦 臣鉉等曰今别作絃非是胡田切

盭 弼戾也从弦省从盩讀若戾臣鉉等曰盩者擊辠人見血也弼戾之意郎計切 玅 急戾也从弦省少聲於霄切 [illegible] 不成遂急戾也从弦省曷聲讀若瘞葬於罽切

文四

系 縣也从系丿聲凡系之屬皆从系胡計切

繫 系或从毄處 [illegible] 籀文系从爪絲 孫 子之子曰孫从子从系系續也思魂切 [illegible] 聯微也从系从帛武延切

繇 隨從也从系䚻聲臣鉉等曰今俗从䍃余招切

文四 重二

說文解字第十二下

慎下孫本有記字

說文解字弟十三上　漢太尉祭酒許慎

銀青光祿大夫守右散騎常侍上柱國東海縣開國子食邑五百户臣徐鉉等奉

敕校定

三十三部　文六百九十九　重一百二十三

凡八千三百九十八字　文三十七新附

糸 細絲也象束絲之形凡糸之屬皆从糸讀若覛 徐鍇曰一蠶所吐爲忽十忽爲絲糸五忽也 莫狄切

𢆶 古文糸

繭 蠶衣也从糸从虫芇省 古典切 絸 古文繭从糸見

繅 繹繭爲絲也从糸巢聲 穌遭切

繹 抽絲也从糸睪聲 羊益切

緒 絲耑也从糸者聲 徐呂切

緬 微絲也从糸面聲 弭沇切

純 絲也从糸屯聲論語曰今也純儉 常倫切

綃 生絲也从糸肖聲 相幺切

⿰糸皆 大絲也从糸皆聲 口皆切

⿰糸巟 絲曼延也从糸巟聲 呼光切

紇 絲下也从糸气聲春秋傳有臧孫紇 下没切

繭當从段訂作芇

点

一八一

氏孫本同當作氐

總孫本作緫

纇孫本同當作類

纇孫本作纇是也

違孫本作連是也

違孫本作連是也

紙 絲滓也从糸氏聲都兮切
絓 繭滓絓頭也一曰以囊絮練也从糸圭聲胡卦切
纅 絲色也从糸樂聲以灼切
繀 著絲於筟車也从糸崔聲穌對切
經 織也从糸巠聲九丁切
織 作布帛之總名也从糸戠聲之弋切
⿰糸式 樂浪挈令織从糸从式臣鉉等曰挈令蓋律令之書也
紝 機縷也从糸壬聲如甚切
絍 紝或从任
綜 機縷也从糸宗聲子宋切
綹 緯十縷為綹从糸咎聲讀若柳力久切
緯 織横絲也从糸韋聲云貴切
緷 緯也从糸軍聲王問切
繢 織餘也从糸貴聲胡對切
統 紀也从糸充聲他綜切
紀 絲別也从糸己聲居擬切
繈 觕類也从糸强聲居兩切
纇 絲節也从糸頪聲盧對切
紿 絲勞即紿从糸台聲徒亥切
納 絲溼納納也从糸内聲奴荅切
紡 網絲也从糸方聲妃兩切
絕 斷絲也从糸从刀从卪情雪切
𢇍 古文絕象不違體絕二絲
繼 續也从糸㡭一曰反㡭為繼古詣切
續 違也从糸賣聲似足切
賡 古文續从庚貝臣鉉等曰今俗作古行切
纘 繼也从糸贊聲作管切
紹 繼也从糸召聲一曰紹緊糾也市沼切
𦀿 古文紹从卲
⿰糸羕 偏緩也从糸羕聲昌善切
⿰糸盈 緩也从糸盈聲讀與聽同他丁切
⿰糸呈 ⿰糸盈或从呈
縱 緩也一曰舍也从糸從聲足用切
紓 緩也从糸予聲傷魚切
繎 絲勞也从糸然聲如延切
紆 詘也从糸于聲一曰縈也億俱切
緈 直也从糸幸聲讀若陘胡頂切
纖 細也从糸

意孫本作急是也

依孫本同當作𠂢

捷孫本同當作㨗

韱聲息廉切 細 微也从糸囟聲穌計切 緢 旄絲也从糸苗聲周書曰惟緢有稽武儦切 縒 參縒也从糸差聲楚宜切

繙 冕也从糸番聲附袁切 縮 亂也从糸宿聲一曰蹴也所六切 紊 亂也从糸文聲商書曰有條而不紊亡運切

級 絲次弟也从糸及聲居立切 總 聚束也从糸悤聲臣鉉等曰今俗作揔非是作孔切 ⿰糸具 約也从糸具聲居玉切

約 纏束也从糸勺聲於略切 繚 纏也从糸尞聲盧鳥切 纏 繞也从糸廛聲直連切 繞 纏也从糸堯聲而沼切

紾 轉也从糸㐱聲之忍切 繯 落也从糸睘聲胡畎切 辮 交也从糸辡聲頻犬切 結 締也从糸吉聲古屑切

縎 結也从糸骨聲古忽切 締 結不解也从糸帝聲特計切 縛 束也从糸尃聲符钁切 繃 束也从糸崩聲墨子

曰禹葬會稽桐棺三寸葛以繃之補盲切 絿 意也从糸求聲詩曰不競不絿巨鳩切 絅 急引也从糸冋聲古熒切 ⿰糸𠂢 散絲

也从糸依聲匹卦切 ⿰糸羸 不均也从糸羸聲力臥切 給 相足也从糸合聲居立切 綝 止也从糸林聲讀若郴丑林切 縪 止也

从糸畢聲卑吉切 紈 素也从糸丸聲胡官切 終 絿絲也从糸冬聲職戎切 𠔿 古文終 ⿰糸集 合也从糸从集讀若捷

姊入切 繒 帛也从糸曾聲疾陵切 𥿋 籒文繒从宰省楊雄以為漢律祠宗廟丹書告 緭 繒也从糸胃聲云貴切 絩 綺絲

湅孫本作湅是也

綠篆譌孫本作綠是也

絹篆譌孫本作絹是也

絀篆譌孫本作絀是也
吉孫本作吉是也
也孫本同當作色
縉孫本同段訂作纁

之數也漢律曰綺絲數謂之絩布謂之總綬組謂之首从糸兆聲治小切 綺 文繒也从糸奇聲袪彼切 縠 細縳也从糸𣪊聲胡谷切 縳 白鮮
色也从糸專聲持沇切 縑 并絲繒也从糸兼聲古甛切 綈 厚繒也从糸弟聲杜兮切 練 湅繒也从糸柬聲郎甸切
縞 鮮色也从糸高聲古老切 䌳 粗緒也从糸璽聲臣鉉等曰今俗別作絁非是式支切 紬 大絲繒也从糸由聲直由切 綮
緻繒也一曰徽幟信也有齒从糸𢼄聲康礼切 綾 東齊謂布帛之細曰綾从糸夌聲力膺切 縵 繒無文也从糸曼聲漢律曰賜衣者縵表
白裏莫半切 繡 五采備也从糸肅聲息救切 絢 詩云素以爲絢兮从糸旬聲臣鉉等案論語注絢文皃許掾切 繪 會五
采繡也虞書曰山龍華蟲作繪論語曰繪事後素从糸會聲黃外切 緀 白文皃詩曰緀兮斐兮成是貝錦从糸妻聲七稽切 ⿰糸米 繡文如聚
細米也从糸从米米亦聲莫礼切 絹 繒如麥稍从糸肙聲吉掾切 綠 帛青黃色也从糸彔聲力玉切 縹 帛青白色也从糸票
聲敷沼切 ⿰糸育 帛青經縹緯一曰育陽染也从糸育聲余六切 絑 純赤也虞書丹朱如此从糸朱聲章俱切 纁 淺絳也从糸熏聲許
云切 絀 絳也从糸出聲丑律切 絳 大赤也从糸夅聲古巷切 綰 惡也絳也从糸官聲一曰綃也讀若雞卵烏版切 縉 帛赤
色也春秋傳縉雲氏禮有縉緣从糸晉聲即刃切 綪 赤繒也以茜染故謂之綪从糸青聲倉絢切 緹 帛丹黃色从糸是聲他礼切

日孫本同陳本作曰是也

紺篆譌孫本作紺是也
艾孫本作艾是也

讀若徐灝曰二字疑衍易下當有曰字

冘孫本作冘是也

青下脫補色字是也
乾孫本作戟是也

紙 緹或从氐 縓 帛赤黃色一染謂之縓再染謂之竀三染謂之纁从糸原聲七絹切 紫 帛青赤色从糸此聲將此切
紅 帛赤白色从糸工聲戶公切 繱 帛青色从糸蔥聲倉紅切 紺 帛深青揚赤色从糸甘聲古暗切 綥 帛蒼艾色
从糸畀聲詩縞衣綥巾未嫁女所服一曰不借綥渠之切 綦 綥或从其 繰 帛如紺色或曰深繒从糸喿聲讀若喿親小切
緇 帛黑色也从糸甾聲側持切 纔 帛雀頭色一曰微黑色如紺纔淺也讀若讒从糸毚聲士咸切 𦃄 帛騅色也从糸剡聲詩曰毳衣如𦃄
臣鉉等曰今俗別作毯非是土敢切 綟 帛戾艸染色从糸戾聲郎計切 紑 白鮮衣皃从糸不聲詩曰素衣其紑匹丘切 緂 白鮮衣皃
从糸炎聲謂衣采色鮮也充三切 繻 繒采色从糸需聲讀若易繻有衣 臣鉉等曰漢書傳符帛也相俞切 縟 繁采色也从糸辱聲而蜀切
纚 冠織也从糸麗聲所綺切 紘 冠卷也从糸厷聲戶萌切 紭 紘或从弘 紞 冕冠塞耳者从糸冘聲臣鉉等曰今俗別作髧非是
都感切 纓 冠系也从糸嬰聲於盈切 紻 纓卷也从糸央聲於兩切 緌 系冠纓也从糸委聲儒隹切 緄 織帶也从糸昆聲古
本切 紳 大帶也从糸申聲失人切 繟 帶緩也从糸單聲昌善切 綬 韍維也从糸受聲殖酉切 組 綬屬其小者以為冕
纓从糸且聲則古切 緺 綬紫青也从糸咼聲古蛙切 縌 綬維也从糸逆聲宜戟切 纂 似組而赤从絲算聲作管切 紐

絲孫本作糸是也
篹孫本作算是也

延孫本作廷是也
大孫本作木是也
戌孫本作戉是也
書孫本作畫是也
△絳孫本同當作縫
侵孫本作綅是也

系也一曰結而可解从糸婁聲女久切 綸青絲綬也从糸侖聲古還切 綎系綬也从糸延聲他丁切 絙緩也从糸亘聲胡官切
繐細疏布也从糸惠聲私銳切 䌟頸連也从糸暴省聲補各切 紟衣系也从糸今聲居音切 䋮籀文从金
緣衣純也从糸彖聲以絹切 纀裳削幅謂之纀从糸僕聲博大切 絝脛衣也从糸夸聲苦故切 繑絝紐也从糸喬聲牽搖切 緥
小兒衣也从糸保聲臣鉉等曰今俗作褓非是博抱切 繜薉貉中女子無絝以帛為脛空用絮補核名曰繜衣狀如襜褕从糸尊聲子昆切
紴絛屬从糸皮聲讀若被或讀若水波之波博禾切 絛扁緒也从糸攸聲土刀切 䋐采彰也一曰車馬飾从糸戌聲王伐切
縱䋐屬从糸从從省聲足容切 紃圜采也从糸川聲詳遵切 緟增益也从糸重聲直容切 纕援臂也从糸襄聲汝羊切
纗維綱中繩从糸巂聲讀若書或讀若維戶圭切 綱維紘繩也从糸岡聲古郎切 𦊓古文綱 縜持綱紐也从糸
員聲周禮曰縜寸臣鉉等曰縜長寸也為贇切 綅絳綫也从糸侵省聲詩曰貝胄朱侵子林切 縷綫也从糸婁聲力主切 綫
縷也从糸戔聲私箭切 線古文綫 ⿰糸穴縷一枚也从糸穴聲乎決切 縫以鍼紩衣也从糸逢聲符容切 緁緶衣也从糸疌
聲七接切 𦄸緁或从習 紩縫也从糸失聲直質切 緛衣戚也从糸耎聲而沇切 綻補縫也从糸旦聲丈莧切

世孫本作也是也

繕 補也从糸善聲時戰切 絬 論語曰絬衣長短右袂从糸舌聲私列切 纍 綴得理也一曰大索也从糸畾聲力追切 縭 以絲介履也从糸离聲力知切 緱 刀劍緱也从糸侯聲古侯切 繄 戟衣也从糸殹聲一曰赤黑色繒烏雞切 縿 旌旗之游也从糸參聲所銜切

徽 衺幅也一曰三糾繩也从糸微省聲許歸切 [糸折] 扁緒也一曰弩署鉤帶从糸折聲并列切 紉 繟繩也从糸刃聲女鄰切

繩 索也从糸蠅省聲食陵切 [糸爭] 紆未縈繩一曰急弦之聲从糸爭聲讀若旌側莖切 縈 收韏也从糸熒省聲於營切 絇 纑繩絇也从糸句聲讀若鳩其俱切 縋 以繩有所縣也春秋傳曰夜縋納師从糸追聲持僞切 絭 攘臂繩也从糸龹聲居願切

緘 束篋也从糸咸聲古咸切 縢 緘也从糸朕聲徒登切 編 次簡也从糸扁聲布玄切 維 車蓋維也从糸隹聲以追切

絥 車絥也从糸伏聲平祕切 茯 絥或从艸 鞴 絥或从革葡聲 [糸正] 乘輿馬飾也从糸正聲諸盈切 綊 紅綊也从糸夾聲胡頰切 緐 馬髦飾也从糸每聲春秋傳曰可以稱旌緐乎附袁切 䋣 緐或从覍覍籒文弁 繮 馬紲也从糸畺聲居良切 紛 馬尾韜也从糸分聲撫文切 紂 馬緧也从糸肘省聲除柳切 緧 馬紂也从糸酋聲七由切 絆 馬縶也从糸半聲博慢切 䋇 絆前兩足也从糸須聲漢令蠻夷卒有䋇相主切 紖 牛系也从糸引聲讀若矤直引切 縼

从孫本作以是也

縻篆譌孫本作縻是也

緪篆譌孫本同當作緪

緍篆譌孫本同當作緍

昏篆譌孫本同當作昏

緍孫本同當作緍

絮孫本作絮是也

今孫本作今是也

絘篆譌當作絘孫本亦誤

从長繩繫牛也从糸旋聲辭戀切

縻 牛轡也从糸麻聲靡爲切

𦃇 縻或从多

紲 系也从糸世聲春秋傳曰臣負羈紲私列切

緤 紲或从枼

纆 索也从糸黑聲莫北切

緪 大索也一曰急也从糸恒聲古恒切

繘 綆也从糸矞聲余聿切

𦄿 古文从絲

䋾 籒文繘

綆 汲井綆也从糸更聲古杏切

絠 彈彄也从糸有聲弋宰切又古亥切

繳 生絲縷也从糸敫聲之若切

繴 繴謂之罿罿謂之罬罬謂之罦捕鳥覆車也从糸辟聲博尼切

緍 釣魚繁也从糸昏聲吳人解衣相被謂之緍武巾切

絮 敝緜也从糸如聲息據切

絡 絮也一曰麻未漚也从糸各聲盧各切

纊 絮也从糸廣聲春秋傳曰皆如挾纊苦謗切

絖 纊或从光

紙 絮一苫也从糸氏聲諸氏切

䋈 治敝絮也从糸音聲芳武切

絮 絜縕也一曰敝絮从糸奴聲易曰需有衣絮女余切

繫 繫繚也一曰惡絮从糸毄聲古詣切

䌇 繫繚也一曰維也从糸虒聲郎兮切

緝 績也从糸咠聲七入切

絘 績所緝也从糸次聲七四切

績 緝也从糸責聲則歷切

纑 布縷也从糸盧聲洛乎切

紨 布也一曰粗紬从糸付聲防無切

繐 蜀細布也从糸惠聲祥歲切

絺 細葛也从糸希聲丑脂切

綌 粗葛也从糸谷聲綺戟切

帢 綌或从巾

縐 絺之細也詩曰蒙彼縐絺一曰蹴也从糸芻聲側救切

絟 細布也从糸全聲此緣切

紵 檾屬細者爲絟

△繫孫本作擊是也

縕篆譌孫本作縕是也

縊篆譌孫本作縊是也

永孫本作米是也
寶孫本同當作寶
互孫本作彑是也

緻篆譌孫本作緻是也

繖篆譌孫本作繖是也

粗者爲紵从糸宁聲直呂切 䋚 紵或从緒省 緦 十五升布也一曰兩麻一絲布也从糸思聲息兹切 𢇁 古文緦从糸省 緆 細布也从糸易聲先擊切 𦃇 緆或从麻 緰 緰貲布也从糸俞聲度侯切 縗 服衣長六寸博四寸直心从糸衰聲倉回切 絰 喪首戴也从糸至聲臣鉉等曰當从姪省乃得聲徒結切 緶 交枲也一曰緁衣也从糸便聲房連切 ⿱戶糸 屝屨也一曰青絲頭屨也讀若阡陌之陌从糸戶聲亡百切 ⿰糸封 枲履也从糸封聲博蠓切 緉 履兩枚也一曰絞也从糸从兩兩亦聲力讓切 絜 麻一耑也从糸㓞聲古屑切 繆 枲之十絜也一曰綢繆从糸翏聲武彪切 綢 繆也从糸周聲直由切 縕 紼也从糸𥁕聲於云切 紼 亂系也从糸弗聲分勿切 絣 氐人殊縷布也从糸并聲北萌切 紕 氐人𦃃也讀若禹貢玭珠从糸比聲卑履切 ⿰糸罽 西胡毳布也从糸罽聲居例切 縊 經也从糸益聲春秋傳曰夷姜縊於賜切 綏 車中把也从糸从妥徐鍇曰礼升車必正立執綏所以安也當从爪从安省說文無妥字息遺切 彝 宗廟常器也从糸糸綦也廾持永器中寶也互聲此與爵相似周禮六彝雞彝鳥彝黃彝虎彝蟲彝斝彝以待祼將之禮以脂切 𢑱 𢑴 皆古文彝 緻 密也从糸致聲直利切

文二百四十八　重三十一

緗 帛淺黃色也从糸相聲息良切 緋 帛赤色也从糸非聲甫微切 緅 帛青赤色也从糸取聲子侯切 繖 蓋也从糸散聲

奴孫本同當作[illegible]奴

𢇍篆譌孫本作𢇍是也
二孫本作三是也

穌旱切 𦃇 布屬从糸束聲所菹切 縡 事也从糸宰聲子代切 繾 繾綣不相離也从糸遣聲去演切 綣 繾綣也从糸卷聲去阮切

文九 新附

素 白緻繒也从糸𠂹取其澤也凡素之屬皆从素 桑故切

𦃃 素屬从素収聲居玉切 䋲 白𦃃縞也从素勺聲以灼切 䋶 素屬从素率聲所律切 繛 𦃃也从素卓聲昌約切 綽 繛或省 𦄾 繛也从素爰聲胡玩切 緩 𦄾或省

文六 重二

絲 蠶所吐也从二糸凡絲之屬皆从絲 息茲切

轡 馬轡也从絲从軎與連同意詩曰六轡如絲兵媚切 𢇍 織絹从糸貫杼也从絲省𠂹聲古還切臣鉉等曰𠂹古磺字

文二

率 捕鳥畢也象絲罔上下其竿柄也凡率之屬皆从率 所律切

文一

井孫本同當作冄

虫 一名蝮博三寸首大如擘指象其臥形物之微細或行或毛或蠃或介或鱗以虫爲象凡虫之屬皆从虫 許偉切

蝮 虫也从虫复聲芳目切 螣 神蛇也从虫朕聲徒登切 蚦 大蛇可食从虫井聲人占切 螼 螾也从虫堇聲弃忍切 螾 側行者从虫寅聲余忍切 蚓 螾或从引 螉 虫在牛馬皮者从虫翁聲烏紅切 蜙 蜙蝑也从虫從聲子紅切 蠁 知聲蟲也从虫鄉聲許兩切 ⿰虫向 司馬相如蠁从向 蛁 蟲也从虫召聲都僚切 ⿰虫𣪠 蟲也从虫𣪠祟聲祖外切 蛹 繭蟲也从虫甬聲余隴切 螝 蛹也从虫鬼聲讀若潰胡罪切 蛕 腹中長蟲也从虫有聲戶恢切 蟯 腹中短蟲也从虫堯聲如招切 雖 似蜥蜴而大从虫唯聲息遺切 虺 虺以注鳴詩曰胡爲虺蜥从虫兀聲臣鉉等曰兀非聲未詳許偉切 蜥 蜥易也从虫析聲先擊切 蝘 在壁曰蝘蜓在艸曰蜥易从虫匽聲於殄切 ⿰䖵匽 蝘或从䖵 蜓 蝘蜓也从虫廷聲一曰螾蜓徒典切 蚖 榮蚖蛇醫以注鳴者从虫元聲愚袁切 蠸 蟲也一曰大螫也讀若蜀都布名从虫雚聲巨員切 螟 蟲食穀葉者吏冥冥犯法即生螟从虫从冥冥亦聲莫經切 蟘 蟲食苗葉者吏乞貸則生蟘从虫从貸

貸亦聲詩曰去其螟蟘臣鉉等曰今俗作蟘非是徒得切 蟣 蝨子也一曰齊謂蛭曰蟣从虫幾聲居狶切 蛭 蟣也从虫至聲之日切 蝚 蛭蝚

至掌也从虫柔聲耳由切 蛣 蛣蚰蝎也从虫吉聲去吉切 蚰 蛣蚰也从虫出聲區勿切 蟫 白魚也从虫覃聲余箴切 蛵

丁蛵負勞也从虫巠聲戶經切 蜭 毛蠹也从虫臽聲乎感切 蟜 蟲也从虫喬聲居夭切 𧌥 毛蟲也从虫𢦏聲千志切 蛙 蠆也

从虫圭聲烏蝸切 蚔 畫也从虫氏聲巨支切 蠆 毒蟲也象形丑芥切 𧓉 蠆或从䖵 蝤 蝤蠐也从虫酋聲字秋切

蠐 蠐螬也从虫齊聲徂兮切 蝎 蝤蠐也从虫曷聲胡葛切 強 蚚也从虫弘聲徐鍇曰弘與強聲不相近秦刻石文从口疑从籀文省巨良切

𧓍 籀文强从䖵从彊 蚚 強也从虫斤聲巨衣切 蜀 葵中蠶也从虫上目象蜀頭形中象其身蜎蜎詩曰蜎蜎者蜀市玉切

蠲 馬蠲也从虫目益聲了象形明堂月令曰腐艸爲蠲古玄切 螕 齧牛蟲也从虫𣬉聲邊兮切 蠖 尺蠖屈申蟲从虫蒦聲烏郭切

蝝 復陶也劉歆說蝝蚍蜉子董仲舒說蝗子也从虫彖聲與專切 螻 螻蛄也从虫婁聲一曰螜天螻洛侯切 蛄 螻蛄也从虫古聲古乎切

蠪 丁蟻也从虫龍聲盧紅切 蛾 羅也从虫我聲臣鉉等案爾雅蛾羅蠶蛾也䖵部已有蠽或作蛾此重出五何切 螘 蚍蜉也从虫豈聲魚綺切

蚳 螘子也从虫氏聲周禮有蚳醢讀若祁直尼切 𧖒 籀文蚳从䖵 𨑳 古文蚳从辰土 蠜 𠂤蠜也从虫樊聲附袁切 蛗

蝒篆譌據本作蝒是也

黨據本作黨是也

蟲據本作蟲是也

蟜篆譌據本作蟜是也

郎據本同當作郎

吽據本作叶是也

吽據本作叶是也

蜓據本作蝍是也

蚣篆譌據本作蚣是也

蜩據本作蜩是也

蜺篆譌當作蜺據本亦誤

悉䖑也从虫帥聲臣鉉等曰今俗作蟀非是所律切 蝒 馬蝒也从虫面聲武延切 蟷 蟷蠰不過也从虫當聲都郎切 蠰 蟷蠰也从虫襄聲汝羊切 蜋 堂蜋也从虫良聲一名蚚父魯當切 蛸 蟲蛸堂蜋子从虫肖聲相邀切 蛢 蟜蟥以翼鳴者从虫幷聲薄經切 蟜 蟜蟥也从虫矞聲余律切 蟥 蟜蟥也从虫黃聲乎光切 䗐 蛅蟴強芈也从虫施聲式支切 蛅 蛅斯墨也从虫占聲職廉切 蜆 縊女也从虫見聲胡典切 蜰 盧蜰也从虫肥聲符非切 蝍 渠蝍一曰天社从虫卻聲其虐切 𧕴 𧕴蠃蒲盧細要土蠭也天地之性細要純雄無子詩曰螟蠕有子𧕴蠃負之从虫𧉡聲古火切 蜾 𧕴或从果 蠃 蜾蠃也从虫𦝠聲一曰虒蝓郎果切 蠕 螟蠕桑蟲也从虫霝聲郎丁切 蛺 蛺蜨也从虫夾聲兼叶切 蜨 蛺蜨也从虫疌聲臣鉉等曰今俗作蝶非是徒叶切 蚩 蟲也从虫之聲赤之切 螌 螌蝥毒蟲也从虫般聲布還切 蝥 螌蝥也从虫敄聲臣鉉等曰今俗作蟊非是蟊即蠿蟊蜘蛛之別名也莫交切 蟠 鼠婦也从虫番聲附袁切 蛜 蛜威委黍委黍鼠婦也从虫伊省聲於脂切 蜙 蜙蝑以股鳴者从虫松聲息恭切 蚣 蜙或省臣鉉等曰今俗作古紅切以為蜈蚣蟲名 蝑 蜙蝑也从虫胥聲相居切 蟅 蟲也从虫庶聲之夜切 蝗 螽也从虫皇聲乎光切 蜩 蟬也从虫周聲詩曰五月鳴蜩徒聊切 𧍙 蜩或从舟 蟬 以旁鳴者从虫單聲市連切 蜺 寒蜩也从虫兒聲五雞切 螇 螇鹿蛁蟟也从虫奚聲胡雞切

蝒篆譌孫本作蝒是也
丏孫本作丏是也
蠓篆譌孫本作蠓是也
蚑孫本作蚊是也
乎孫本同當作寽
中孫本作屮是也
螸篆譌孫本同當作螸
眣孫本作䖵是也
斗孫本作丩是也
痗孫本作海是也

蚗蛁蟟也从虫夬聲於悅切
蝒 蝒蚗蟬屬讀若周天子赧从虫丏聲武延切
蛚 蜻蛚也从虫列聲良薛切
蜻 蜻蛚也从虫青聲子盈切
蛉 蜻蛉也从虫令聲一名桑根郎丁切
蠓 蠛蠓也从虫蒙聲莫孔切
螶 螶蟝也一曰蜉游朝生莫死者从虫豦聲強魚切
蜹 秦晉謂之蜹楚謂之蚑从虫芮聲而銳切
蟰 蟰蛸長股者从虫肅聲穌彫切
⿰虫省 蟲也从虫省聲息正切
蛶 商何也从虫乎聲力輟切
蜡 蠅胆也周禮蜡氏掌除骴从虫昔聲鉏駕切
蝡 動也从虫耎聲而沇切
蚑 行也从虫支聲巨支切
蠉 蟲行也从虫睘聲香沇切
⿰虫屮 蟲曳行也从虫中聲讀若騁丑善切
螸 螸醜螸垂腴也从虫欲聲余足切
⿰虫扇 蠅醜⿰虫扇搖翼也从虫扇聲式戰切
蛻 蛇蟬所解皮也从虫稅省輸芮切
蠚 螫也从虫若省聲呼各切
螫 蟲行毒也从虫赦聲施隻切
蝁 眣也从虫亞聲烏各切
蛘 搔蛘也从虫羊聲余兩切
蝕 敗創也从虫人食食亦聲乘力切
蛟 龍之屬也池魚滿三千六百蛟來爲之長能率魚飛置笱水中即蛟去从虫交聲古肴切
螭 若龍而黃北方謂之地螻从虫离聲或云無角曰螭丑知切
虯 龍子有角者从虫斗聲渠幽切
蜦 蛇屬黑色潛于神淵能興風雨从虫侖聲讀若戾艸力屯切
蜧 蜦或从戾
螊 海蟲也長寸而白可食从虫兼聲讀若嗛力鹽切
蜃 雉入海化爲蜃从虫辰聲時忍切
蛤 蜃屬有三皆生於海千歲化爲盒秦謂之牡厲又云百歲燕所化魁盒一名復累老服翼所化从虫合聲古沓切
螷 階也脩爲螷圜爲蠇从虫庳臣鉉等

虫下條本有丰字是也
△亡條本同當作古
■巾條本作中是也
蜎字下首字不可辨識條本作蜎
誤當从段訂作肙
从條本作以是也
舊條本作巂是也
蝦條本作蝦是也
石條本作名是也
切字衍
思條本作禺是也
△首條本同藤花榭本作直
廣韻直角切
巳條本作巨是也

曰今俗作鮩或作蠯非是蒲猛切
蝸 蝸蠃也从虫咼聲亡華切
蚌 蜃屬从虫丰聲步項切
蠇 蚌屬似螊微大出海中今民食之从虫萬聲讀若賴力制切
蝓 虒蝓也从虫俞聲羊朱切
蜎 蜎也从虫肙聲在沇切
蟺 夗蟺也从虫亶聲常演切
蚴 蚴蟉也从虫幽聲於虯切
蟉 蚴蟉也从虫翏聲力幽切
蟄 藏也从虫執聲直立切
蚨 青蚨水蟲可還錢从虫夫聲房無切
[illegible] [illegible]鼀詹諸以脰鳴者从虫匊聲居六切
蝦 蝦蟆也从虫叚聲乎加切
蟆 蝦蟆也从虫莫聲莫遐切
蠵 大龜也以胃鳴者从虫舊聲戶圭切
[illegible] 司馬相如說蠵从夐
螹 螹離也从虫漸省聲慈染切
蠏 有二敖八足旁行非蛇鮮之穴無所庇以虫解聲胡買切
[illegible] 蠏或从魚
蛫 蟹也从虫危聲過委切
蜮 短狐也似鼈三足以气䠶害人从虫或聲于逼切
蟈 蜮又从國臣鉉等曰今俗作古獲切以爲蝦蟇之別石切
[illegible] 似蜥易長一丈水潛吞人即浮出日南从虫屰聲吾各切
蛧 蛧蜽山川之精物也淮南王說蛧蜽狀如三歲小兒赤黑色赤目長耳美髮从虫网聲國語曰木石之怪夔蛧蜽文兩切
蜽 蛧蜽也从虫兩聲臣鉉等曰今俗別作魍魎非是良獎切
蝯 善援禺屬从虫爰聲臣鉉等曰今俗別作猨非是雨元切
蠗 思屬从虫翟聲首角切
蜼 如母猴卬鼻長尾从虫隹聲余季切
蚼 北方有蚼犬食人从虫句聲古厚切
蛩 蛩蛩獸也一曰秦謂蟬蛻曰蛩从虫巩聲渠容切
蟨 鼠也一曰西方有獸前足短與蛩蛩巳虛比其名謂之蟨从虫厥聲居月切
蝙

今徐本作全是也
祅徐本作䄏是也

蝙蝠也从虫扁聲布玄切

蝠 蝙蝠服翼也从虫畐聲方六切

蠻 南蠻蛇種从虫䜌聲莫還切

閩 東南越蛇種从虫門聲武巾切

虹 螮蝀也狀似蟲从虫工聲明堂月令曰虹始見戸工切

蚚 籀文虹从申申電也

螮 螮蝀虹也从虫帶聲都計切

蝀 蝀也从虫東聲多貢切

蠥 衣服歌謠艸木之怪謂之祅禽獸蟲蝗之怪謂之蠥从虫辥聲魚列切

文一百五十三　重十五

蜑 南方夷也从虫延聲徒旱切

蟪 蟪蛄蟬也从虫惠聲日械切

蠛 蠛蠓細蟲也从虫蔑聲亡結切

虴 虴蜢艸上蟲也从虫乇聲陟格切

蜢 虴蜢也从虫孟聲莫杏切

蟋 蟋蟀也从虫悉聲息七切

螳 螳蜋也从虫堂聲徒郎切

文七　新附

說文解字弟十三上

蠶篆譌孫本作蠶是也
𧊒孫本作跳是也
戍孫本作戎是也

說文解字第十三下　漢太尉祭酒許慎記

銀青光祿大夫守右散騎常侍上柱國東海縣開國子食邑五百戶臣徐鉉等奉

敕校定

䖵 蟲之總名也从二虫凡䖵之屬皆从䖵讀若昆古魂切

蠶 任絲也从䖵朁聲昨含切 䖸 蠶化飛蟲从䖵我聲五何切 蛾 䖸或从虫 𧒒 齧人𧊒蟲从䖵叉聲叉古爪字子皓切 蚤 𧒒或从虫 蝨 齧人蟲从䖵卂聲所櫛切 螽 蝗也从䖵夂聲夂古文終字職戍切 䘅 螽或从虫衆聲 [illegible] 蟲也从䖵展省聲知衍切 蠽 小蟬蜩也从䖵截聲子列切 蠿 蠿蟊作罔蛛蟊也从䖵𢇍聲𢇍古絕字側八切 蟊 蠿蟊也从䖵矛聲莫交切 [illegible] 蟲也从䖵寍聲奴丁切 蠤 齎蠤也从䖵曹聲財牢切 [illegible] 螻蛄也从䖵𡴀聲胡葛切 [illegible] [illegible]蛸也从䖵卑聲匹標切 [illegible] [illegible]或从虫 蠭 飛蟲螫人者从䖵逢聲敷容切 [illegible] 古文省 蠠 蠭甘飴也一曰螟子从䖵鼏聲彌必切

蝱篆譌孫本作[illegible]是也

蠹篆譌孫本作[illegible]是也

干孫本作于是也

蠠或从宓

𧓍蟟也从䖵巨聲強魚切

齧人飛蟲从䖵民聲無分切

蟁或从昏以昏時出也

俗蟁从虫从文

齧人飛蟲从䖵亡聲武庚切

木中蟲从䖵槖聲當故切

蠹或从木象蟲在木中形譚長說

蟲齧木中也从䖵彖聲盧啓切

古文

多足蟲也从䖵求聲巨鳩切

𧖊或从虫

蚍蠹也从䖵[illegible]聲縛牟切

蠹或从虫从孚

蟲食也从䖵雋聲子兖切

蟲動也从䖵春聲尺尹切

古文蠢从𢦏周書曰我有𢧢干四

文二十五　重十三

有足謂之蟲無足謂之豸从三虫凡蟲之屬皆从蟲　直弓切

蟲食艸根者从蟲象其形吏抵冒取民財則生徐鍇曰唯此一字象蟲形不从矛書者多誤莫浮切

蟊或从敄臣鉉等按虫部已有莫交切作螌蝥蟲此重出

古文蟊从虫从牟

蚍蜉大螘也从蟲𣬉聲房脂切

𧖳或从虫比聲

蟁也从蟲門聲武巾切

臭蟲負蠜也从蟲非聲房未切

𧕳或从虫

腹中蟲也春秋傳曰血蟲爲蠱

干孫本作于是也
楊孫本作楊是也

晦淫之所生也梟桀死之鬼亦爲蠱从蟲从皿皿物之用也公戸切

文六　重四

風 八風也東方曰明庶風東南曰清明風南方曰景風西南曰涼風西方曰閶闔風西北曰不周風北方曰廣莫風東北曰融風風動蟲生故蟲八日而化从虫凡聲凡風之屬皆从風　方戎切

凬 古文風　䬝 北風謂之䬝从風涼省聲呂張切　𩗗 小風也从風朮聲翾聿切　飆 扶搖風也从風猋聲甫遥切　颮 飆或从包　飄 回風也从風票聲撫招切　颯 翔風也从風立聲穌合切　飂 高風也从風翏聲力求切　𩗽 疾風也从風从忽忽亦聲呼骨切　颹 大風也从風胃聲王勿切　䬗 大風也从風日聲于筆切　颺 風所飛揚也从風昜聲與章切　颲 風雨暴疾也从風利聲讀若栗力質切　䬅 烈風也从風列聲讀若列良薛切

文十三　重二

颸 涼風也从風思聲息茲切　颼 颼飂也从風叟聲所鳩切　颭 風吹浪動也从風占聲隻冉切

文三　新附

寃據本作冤是也

託據本作託是也

夂據本作夂是也

𪚾篆譌據本作𪚾是也

沒據本同當作汝

[它] 虫也从虫而長象冤曲垂尾形上古艸居患它故相問無它乎凡它之屬皆从它 託何切

[蛇] 它或从虫 臣鉉等曰今俗作食遮切

文一　重一

[龜] 舊也外骨內肉者也从它龜頭與它頭同天地之性廣肩無雄龜鼈之類以它爲雄象足甲尾之形凡龜之屬皆从龜 居追切

[古文龜] 古文龜

[𪚿] 龜名从龜夂聲夂古文終字徒冬切

[𪚾] 龜甲邊也从龜冄聲天子巨𪚾尺有二寸諸侯尺大夫八寸士六寸 沒閻切

文三　重一

[黽] 鼃黽也从它象形黽頭與它頭同 臣鉉等曰黽其腹也 凡黽之屬皆从黽 莫杏切

黽 籒文黽

鼈 甲蟲也从黽敝聲并列切　黿 大鼈也从黽元聲愚袁切　鼃 蝦蟇也从黽圭聲烏媧切

鼀 先鼀詹諸也其鳴詹諸其皮鼀鼀其行𡱒𡱒从黽从𡱒𡱒亦聲七宿切　𪓰 鼀或从酋　䵹 䵹䵷詹諸也詩曰得此䵹䵷言其行䵷䵷从黽爾聲式支切

鼉 水蟲似蜥易長大从黽單聲徒何切　䵶 水蟲也薉貉之民食之从黽奚聲胡雞切

𪓿 雞屬頭有兩角出遼東从黽句聲其俱切　蠅 營營青蠅蟲之大腹者从黽从虫余陵切　鼅 鼅鼄蟊也从黽𠁁省聲陟离切　𧕭 或从虫

鼄 鼅鼄也从黽朱聲陟輸切　蛛 鼄或从虫　鼂 匽鼂也讀若朝揚雄說匽鼂蟲名杜林以爲朝旦非是从黽从旦直遥切臣鉉等曰今俗作晁　𪓐 篆文从皀

文十三　重五

鼇 海大鼈也从黽敖聲五牢切

文一新附

卵 凡物無乳者卵生象形凡卵之屬皆从卵盧管切

毈 卵不孚也从卵段聲徒玩切

文二

二 地之數也从偶一凡二之屬皆从二而至切

當孫本作常是也

亘段訂作回

了了孫本作乃乃是也

芝孫本作芝是也

弍 古文

亟 敏疾也从人从口从又从二二天地也徐鍇曰承天之時因地之利口謀之手執之時不可失疾也紀力切又去吏切

恆 當也从心从舟在二之間上下必以舟施恒也胡登切

𠄨 古文恒从月詩曰如月之恒

亘 求亘也从二从回回古文回象亘回形上下所求物也徐鍇曰回風回轉所以宣陰陽也須緣切

竺 厚也从二竹聲冬毒切

凡 最括也从二二偶也从了了古文及浮芝切

文六 重二

土 地之吐生物者也二象地之下地之中物出形也凡土之屬皆从土 它魯切

地 元气初分輕清陽爲天重濁陰爲地萬物所陳列也从土也聲徒內切

墬 籒文地从㒸

坤 地也易之卦也从土从申土位在申苦昆切

垓 兼垓八極地也國語曰天子居九垓之田从土亥聲古哀切

墺 四方土可居也从土奧聲於六切

坴 古文墺

堣 堣夷在冀州陽谷立春日日值之而出从土禺聲尚書曰宅堣夷噳俱切

坶 朝歌南七十里地周書武王與紂戰于坶野从土母聲莫六切

坡 阪也从土皮聲滂禾切

坪 地平也从土从平平亦聲皮命切

均 平徧也从土从勻勻亦聲居勻切

壤 柔土也从土襄

壚篆譌孫本作壚是也
平孫本作乎是也
木孫本作大
單孫本作⿱亯羊是也
刑孫本作形是也

聲如兩切 塙 堅不可拔也从土高聲苦角切 墽 磽也从土敫聲口交切 壚 剛土也从土盧聲洛平切 垶 赤剛土也从土觲省
聲息營切 埴 黏土也从土直聲職常切 坴 土塊坴坴也从土圥聲讀若逐一曰坴梁力竹切 㙯 土也洛陽有木㙯里从土軍聲戶昆切
墣 塊也从土菐聲匹角切 圤 墣或从卜 凷 墣也从土一屈象刑苦對切 塊 凷或从鬼 堛 凷也从土畐聲芳逼切
堫 種也一曰內其中也从土㚇聲子紅切 塍 稻中畦也从土朕聲食陵切 坺 治也一曰臿土謂之坺詩曰武王載坺一曰塵皃从土犮
聲蒲撥切 坄 陶竈窻也从土役省聲營隻切 基 牆始也从土其聲居之切 垣 牆也从土亘聲雨元切 𩫷 籀文垣从𩫏
圪 牆高也詩曰崇墉圪圪从土气聲魚迄切 堵 垣也五版爲一堵从土者聲當古切 𩫨 籀文从𩫏 壁 垣也从土辟聲比激切
⿰土尞 周垣也从土尞聲力沼切 堨 壁間隙也从土曷聲讀若謁魚列切 埒 卑垣也从土寽聲力輟切 堪 地突也从土甚聲口含切
堀 突也詩曰蜉蝣堀閱从土屈省聲苦骨切 堂 殿也从土尚聲徒郎切 坣 古文堂 ⿱高省土 籀文堂从高省 垛 堂塾也从土朵
聲丁果切 坫 屏也从土占聲都念切 ⿰氵⿱尨土 涂也从土浝聲臣鉉等案水部已有此重出力歱切 垷 涂也从土見聲胡典切
墐 涂也从土堇聲渠吝切 塈 仰涂也从土既聲其冀切 堊 白涂也从土亞聲烏各切 墀 涂地也从土犀聲禮天子赤墀直泥切

鏑條本作適是也

但條本同當作袒

此條本作比是也

羊條本作羋是也

髼條本作鬃是也

垸條本同繫傳作垣是也

二條本作土是也

陷條本作陷是也

墼 瓴適也一曰未燒也从土毄聲古歷切 坋 埽除也从土弁聲讀若糞方問切 埽 弃也从土从帚穌老切 在 存也从土才聲昨代切

坐 止也从土从畱省土所止也此與畱同意徂臥切 坐 古文坐 坁 箸也从土氏聲諸氏切 塡 塞也从土眞聲陟鄰切又待季切

坦 安也从土旦聲他但切 坒 地相次比也衞大夫貞子名坒从土比聲毗至切 堤 滯也从土是聲丁礼切 壎 樂器也以土爲之六孔从土熏聲況袁切

封 爵諸侯之土也从之从土从寸守其制度也公侯百里伯七十里子男五十里徐鍇曰各之其土也會意府容切 𡉚 古文封省 𡊅 籒文从羊

璽 王者印也所以主土从土爾聲斯氏切 璽 籒文从玉 墨 書墨也从土从黑黑亦聲莫北切 垸 以桼和灰而髼也从土完聲一曰補垸胡玩切

型 鑄器之法也从土刑聲戶經切 埻 射臬也从土𦎫聲讀若準之允切 塒 雞棲垣爲塒从土時聲市之切

城 以盛民也从土从成成亦聲氏征切 𩫨 籒文城从𩫖 墉 城垣也从土庸聲余封切 𩫖 古文墉 堞 城上女垣也从土葉聲徒叶切

坎 陷也从土欠聲苦感切 墊 下也春秋傳曰墊隘从土執聲都念切 坻 小渚也詩曰宛在水中坻从土氏聲直尼切

汥 坻或从水从夂 渚 坻或从水从耆 㙫 下入也从土㬎聲敕立切 垎 水乾也一曰堅也从土各聲胡格切 垐 以土增大道上从二土 土次聲疾資切

𡍪 古文垐从土即虞書曰龍朕堲讒說殄行堲疾惡也 增 益也从土曾聲作滕切 埤 增也从土卑聲符支切 坿 益也从土付聲符

氐孫本作氏是也
阮孫本作阬是也
杭孫本作阬是也
鈌孫本作缺是也
王孫本同當作壬
育孫本作有是也
河孫本作柯是也
墉孫本作㙤是也
塺字篆譌孫本作塺是也

遏切 塞 隔也从土从𡨄先代切 圣 汝潁之閒謂致力於地曰圣从土从又讀若兔窟苦骨切 垍 堅土也从土自聲讀若泉其冀切 埱
气出土也一曰始也从土叔聲昌六切 埵 堅土也从土垂聲讀若朵丁果切 埐 地也从土𠬶聲子林切 埾 土清也从土从聚省才句切
𡎺 保也高土也从土䯧聲讀若毒都皓切 培 培敦土田山川也从土咅聲薄回切 埩 治也从土爭聲疾郢切 墇 擁也从土章聲之亮
切 ⿰土則 遏遮也从土則聲初力切 垠 地垠也一曰岸也从土艮聲語斤切 圻 垠或从斤 墠 野土也从土單聲常衍切 垑 特也从土
多聲尺氐切 壘 軍壁也从土畾聲力委切 垝 毀垣也从土危聲詩曰乘彼垝垣過委切 陒 垝或从𨸏 圮 毀也虞書曰方命圮族从
土己聲符鄙切 ⿰酉非 圮或从手从非配省聲 垔 塞也尚書曰鯀垔洪水从土西聲於眞切 ⿱覀土 古文垔 塹 阮也一曰大也从土斬聲七
豔切 埂 秦謂杭爲埂从土更聲讀若井汲綆古杏切 壙 塹穴也一曰大也从土廣聲苦謗切 塏 高燥也从土豈聲苦亥切 毀
鈌也从土毇省聲許委切 𣫚 古文毀从王 壓 壞也一曰塞補从土厭聲烏狎切 壞 敗也从土褱聲下怪切 𡏺 古文壞省 𣀔
籒文壞臣鉉等按攴部育數此重出 坷 坎坷也梁國寧陵有河亭从土可聲康我切 㙤 墉也从土虖聲呼訝切 𨻐 墉或从𨸏 坼
裂也詩曰不墉不疈从土㡿聲丑格切 坱 塵埃也从土央聲於亮切 塺 塵也从土麻聲亡果切 塿 塺土也从土婁聲洛侯切 坋 塵也

麻孫本同當作麻

⿰虫壹孫本作墷是也

宎孫本作突是也
上孫本作土是也
卦孫本作封是也

堹孫本作歱是也

王孫本作玉是也

一从土分聲一曰大防也房吻切 ⿱非土 塵也从土非聲房未切 埃 塵也从土矣聲烏開切 ⿱殹土 塵埃也从土殹聲烏雞切 垽 澱也从土沂聲魚僅切 垢 濁也从土后聲古厚切 墷 天陰塵也詩曰墷⿰虫壹其陰从土壹聲於計切 坏 丘再成者也一曰女牢燒从土不聲芳桮切 垤 ⿰虫壹封也詩曰鸛鳴于垤从土至聲徒結切 坥 益州部謂螾場曰坥从土且聲七余切 埍 徒隸所居也一曰女牢一曰亭部从土肙聲古泫切 ⿱㱿土 囚宎出也从土㱿聲胡八切 瘞 幽薶也从土㾜聲於罽切 堋 喪葬下上也从土朋聲春秋傳曰朝而堋禮謂之卦周官謂之窆虞書曰堋淫于家方鄧切 垗 畔也為四時界祭其中周禮曰垗五帝於四郊从土兆聲治小切 塋 墓也从土熒省聲余傾切 墓 丘也从土莫聲莫故切 墳 墓也从土賁聲符分切 壠 丘壠也从土龍聲力堹切 壇 祭場也从土亶聲徒干切 場 祭神道也一曰田不耕一曰治穀田也从土昜聲直良切 圭 瑞玉也上圜下方公執桓圭九寸矦執信圭伯執躬圭皆七寸子執穀璧男執蒲璧皆五寸以封諸矦从重土楚爵有執圭古畦切 珪 古文圭从王 圯 東楚謂橋為圯从土巳聲與之切 垂 遠邊也从土𠂹聲是為切 堀 兔堀也从土屈聲苦骨切

文一百三十一　重二十六

塗 泥也从土涂聲同都切 塓 塗也从土冥聲莫狄切 埏 八方之地也从土延聲以然切 埸 疆也从土易聲羊益切

良條本同當作艮

境 疆也从土竟聲經典通用竟居領切 塾 門側堂也从土孰聲殊六切 墾 耕也从土豤聲康很切 塘 隄也从土唐聲徒郎切

坳 地不平也从土幼聲於交切 壒 塵也从土蓋聲於蓋切 墜 陊也从土隊聲古通用硺直類切 塔 西域浮屠

也从土荅聲土盍切 坊 邑里之名从土方聲古通用埅府良切

文十三 新附

垚 土高也从三土凡垚之屬皆从垚 吾聊切

堯 高也从垚在兀上高遠也吾聊切 㚴 古文堯

文二 重一

堇 黏土也从土从黃省凡堇之屬皆从堇 巨斤切

𡋬 𡋲 皆古文堇 艱 土難治也从堇良聲古閑切 𡆇 籀文艱从喜

文二 重三

里 居也从田从土凡里之屬皆从里 良止切

釐 家福也从里𠩺聲里之切 野 郊外也从里予聲羊者切 𡐨 古文野从里省从林

文三 重一

田 陳也樹穀曰田象四口十阡陌之制也凡田

口部𠷎下云誰也从口𠷎又聲 𠷎古文疇 卷二目次八
按十篇本云从田𠷎象耕田溝詰屈也

項 據本作頂是也

卒 據本作立是也

烏 據本同藤花榭本作離与廣韻同是也

俗 上據本有今字

之屬皆从田待季切

町 田踐處曰町从田丁聲他項切 㽘 城下田也一曰㽘郤从田耎聲而緣切 疇 耕治之田也从田象耕屈之形直由切 𠃬 疇或省

疁 燒穜也漢律曰疁田茠艸从田翏聲力求切 畬 三歲治田也易曰不菑畬田从田余聲以諸切 ⿰田柔 和田也从田柔聲耳由切 畸 殘田也从田奇聲居宜切 㽨 殘田也詩曰天方薦㽨从田差聲昨何切 畮 六尺爲步步百爲畮从田每聲莫厚切 畝 畮或从田十久

甸 天子五百里地从田包省堂練切 畿 天子千里地以遠近言之則言畿也从田幾省聲巨衣切 畦 田五十畝曰畦从田圭聲戶圭切

畹 田三十畝也从田宛聲於阮切 畔 田界也从田半聲薄半切 畍 境也从田介聲古拜切 ⿰田亢 境也一曰陌也趙魏謂陌爲⿰田亢从田亢聲古郎切

畷 兩陌閒道也廣六尺从田叕聲陟劣切 畛 井田閒陌也从田㐱聲之忍切 畤 天地五帝所基址祭地从田寺聲右扶風有五畤好畤鄜畤皆黃帝時祭或曰秦文公卒也周市切

略 經略土地也从田各聲烏約切 當 田相值也从田尚聲都郎切 畯 農夫也从田夋聲子峻切 甿 田民也从田亡聲武庚切

疄 轢田也从田粦聲良刃切 留 止也从田丣聲力求切 畜 田畜也淮南子曰玄田爲畜丑六切 𤲿 魯郊禮畜从田从兹兹益也

疃 禽獸所踐處也詩曰町疃鹿場从田童聲土短切 暘 不生也从田昜聲臣鉉等曰借爲通暘之暘俗别作暢非是丑亮切

文二十九　重三

畕　比田也从二田凡畕之屬皆从畕　居良切

畺　界也从畕三其界畫也居良切　彊　畺或从彊土

文二　重一

黃　地之色也从田从炗炗亦聲炗古文光凡黃之屬皆从黃　乎光切

䵎　古文黃

䵍　赤黃也一曰輕易入䵍姁也从黃夾聲許兼切

黗　黃黑色也从黃耑聲他耑切

䵋　青黃色也从黃有聲呼辠切

黇　白黃色也从黃占聲他兼切

黊　鮮明黃也从黃圭聲户圭切

文六　重一

男　丈夫也从田从力言男用力於田也凡男之屬皆从男　那含切

舅　母之兄弟爲舅妻之父爲外舅从男臼聲其久切

甥　謂我舅者吾謂之甥也从男生聲所更切

文三

力筋也象人筋之形治功曰力能圉大災凡力之屬皆从力 林直切

勳能成王功也从力熏聲許云切 勛古文勳从員

功以勞定國也从力从工工亦聲古紅切

助左也从力且聲牀倨切

勴助也从力从非慮聲良倨切

勑勞也从力來聲洛代切

劼慎也从力吉聲周書曰汝劼毖殷獻臣巨乙切

務趣也从力敄聲亡遇切

勥迫也从力強聲巨良切 𠈅古文从彊

勱勉力也周書曰用勱相我邦家讀若萬从力萬聲莫話切

𠡷勥也从力厥聲瞿月切

勍彊也从力京聲渠京切

勁彊也从力巠聲吉正切

勉彊也从力免聲亡辨切

劭勉也从力召聲讀若舜樂韶寔照切

勖勉也周書曰勖哉夫子从力冒聲許玉切

勸勉也从力雚聲去願切

勝任也从力朕聲識蒸切

勶發也从力从徹徹亦聲臣鉉等曰今俗作撤非是丑列切

勠并力也从力翏聲力竹切

勨繇緩也从力象聲余兩切

動作也从力重聲徒總切 𢓜古文動从辵

㔷推也从力畾聲盧對切

劣弱也从力少力輟切

勞劇也从力熒省熒火燒冂用力者勞魯刀切 𢥒古文勞从悉

勮務也从力豦聲其據切

尅尤極也从力克聲苦得切

勩勞也詩云莫知我勩从力貰聲余制切

勦勞也春秋傳曰安用勦民从力巢聲

勢篆譌孫本作𠢕是也

劾篆譌孫本作劾是也

子小切 券 勞也从力卷省聲臣鉉等曰今俗作倦義同 渠卷切 勤 勞也从力堇聲 巨巾切 加 語相增加也从力从口 古牙切

𠢕 健也从力敖聲讀若豪 五牢切 勇 气也从力甬聲 余隴切 𢦒 勇或从戈用 恿 古文勇从心 勃 排也从力孛聲

蒲没切 勡 劫也从力𤋮聲 匹眇切 劫 人欲去以力脅止曰劫或曰以力止去曰劫 居怯切 飭 致堅也从人从力食聲讀若敕 恥力切

劾 法有辠也从力亥聲 胡槩切 募 廣求也从力莫聲 莫故切 文四十 重六

劬 勞也从力句聲 其俱切 勢 盛力權也从力埶聲經典通用埶 舒制切 勘 校也从力甚聲 苦紺切 辦 致力也从力辡聲 蒲莧切

文四 新附

劦 同力也从三力山海經曰惟號之山其風若劦凡劦之屬皆从劦 胡頰切

恊 同心之和从劦从心 胡頰切 勰 同思之和从劦从思 胡頰切 協 衆之同和也从劦从十臣鉉等曰十衆也 胡頰切 旪 古文協从日十 叶 或从口

文一 重五

說文解字弟十三下

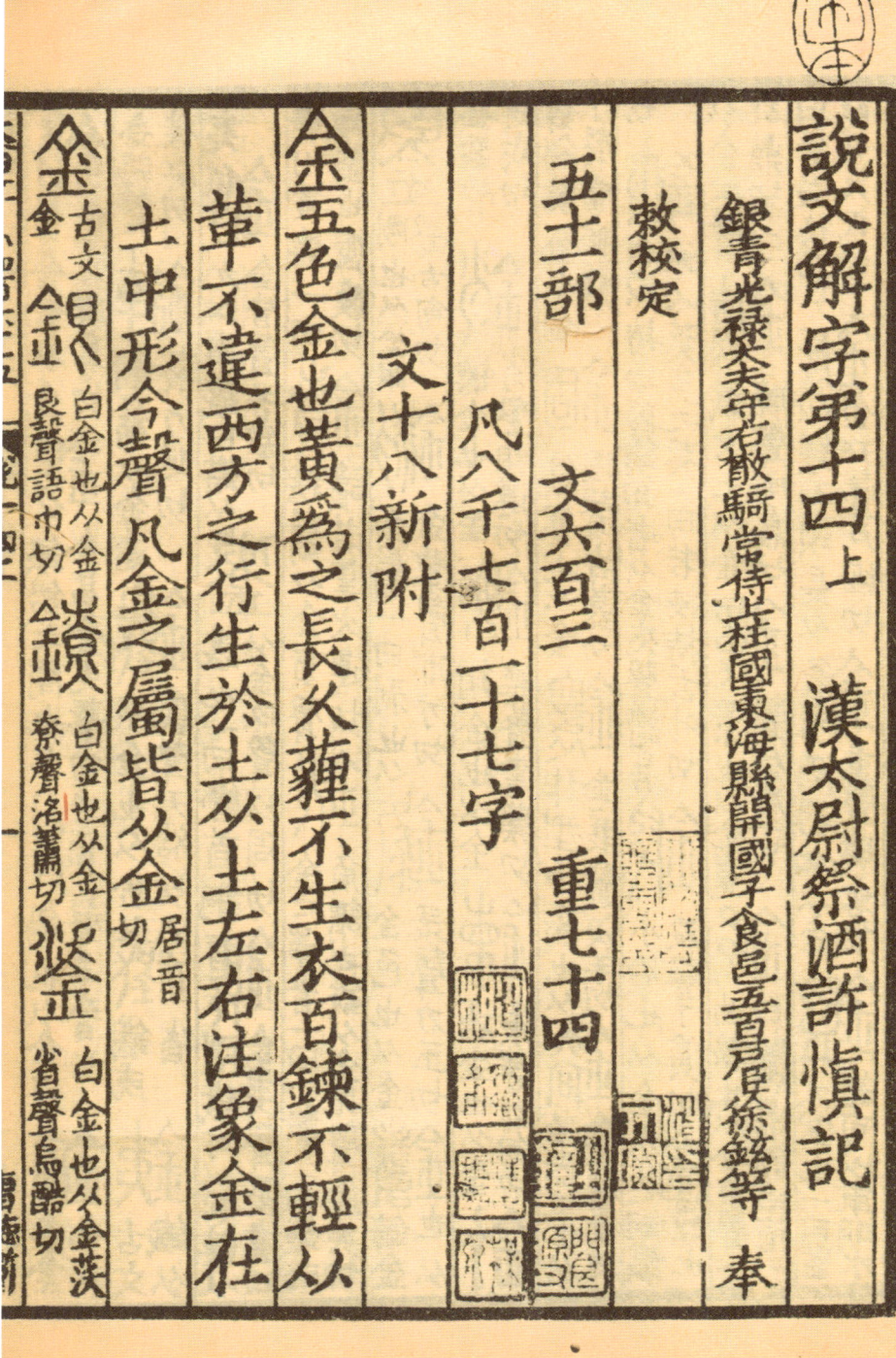

洛孫本作洛是也

說文解字弟十四上　漢太尉祭酒許愼記

銀青光祿大夫守右散騎常侍上柱國東海縣開國子食邑五百戶臣徐鉉等　奉

敕校定

五十一部　文六百三　重七十四

凡八千七百一十七字

文十八新附

金　五色金也黃爲之長久薶不生衣百鍊不輕从革不違西方之行生於土从土左右注象金在土中形今聲凡金之屬皆从金　居音切

𨤾　古文金

銀　白金也从金艮聲　語巾切

鐐　白金也从金尞聲　洛蕭切

鋈　白金也从金𣵀省聲　烏酷切

金孫本同當作余

哆兮孫本同當从小徐本作之侈

鉛青金也从金㕣聲與專切 錫銀鉛之間也从金易聲先擊切 鈏錫也从金引聲羊晉切 銅赤金也从金同聲徒紅切 鏈銅屬从金連聲力延切 鐵黑金也从金𢧜聲天結切 鐡鐵或省 銕古文鐵从夷 鍇九江謂鐵曰鍇从金皆聲苦駭切 鋚鐵也一曰轡首銅从金攸聲以周切 鏤剛鐵可以刻鏤从金婁聲夏書曰梁州貢鏤一曰鏤釜也盧候切 鐼鐵屬从金賁聲讀若熏火運切 銑金之澤者一曰小鑿一曰鐘兩角謂之銑从金先聲穌典切 鑋剛也从金臤聲古甸切 鑗金屬一曰剝也从金黎聲郎兮切 錄金色也从金彔聲力玉切 鑄銷金也从金壽聲之戍切 銷鑠金也从金肖聲相邀切 鑠銷金也从金樂聲書藥切 鍊冶金也从金柬聲郎甸切 釘鍊鉼黃金从金丁聲當經切 錮鑄塞也从金固聲古慕切 鑲作型中腸也从金襄聲汝羊切 鎔冶器法也从金容聲金封切 鋏可以持冶器鑄鎔者从金夾聲讀若漁人莢魚之莢一曰若挾持古叶切 鍛小冶也从金段聲丁貫切 鋌銅鐵樸也从金廷聲徒鼎切 鐃鐵文也从金曉聲呼鳥切 鏡景也从金竟聲居慶切 鉹曲鉹也从金多聲一曰鬵鼎讀若擠一曰詩云侈兮哆兮尺氏切 鈃似鍾而頸長从金幵聲戶經切 鍾酒器也从金重聲職容切 鑑大盆也一曰監諸可以取明水

葉據本同當作枼
鑪篆譌據本作鑪是也

於月从金監聲革懺切 鐈 似鼎而長足从金喬聲巨嬌切 鐆 陽鐆也从金㒸聲徐醉切 鋞 溫器也圜直上从金巠聲戶經切 鑴 瓽也从金巂聲戶圭切 鑊 鑴也从金蒦聲胡郭切 鍑 釜大口者从金复聲方副切 鍪 鍑屬从金敄聲莫浮切 錪 朝鮮謂釜曰錪从金典聲他典切 銼 鍑也从金坐聲昨禾切 鑹 銼鑹也从金贏聲魯戈切 鉶 器也从金刑聲戶經切 鎬 溫器也从金高聲武王所都在長安西上林苑中字亦如此乎老切 鏖 溫器也一曰金器从金麀聲於刀切 銚 溫器也一曰田器从金兆聲以招切 鋀 酒器也从金𧯠象器形大口切 𧯠 𧯠或省金 鐎 鐎斗也从金焦聲即消切 鋗 小盆也从金肙聲火玄切 鏏 鼎也从金彗聲讀若彗于歲切 鍵 鉉也一曰車轄从金建聲渠偃切 鉉 舉鼎也易謂之鉉禮謂之鼏从金玄聲胡犬切 鋊 可以句鼎耳及鑪炭从金谷聲一曰銅屑讀若浴余足切 鎣 器也从金熒省聲讀若銑烏定切 鑯 鐵器也一曰鐫也从金韱聲臣鉉等曰今俗作尖非是子廉切 錠 鐙也从金定聲丁定切 鐙 錠也从金登聲臣鉉等曰錠中置燭故謂之鐙今俗別作燈非是都滕切 鏶 鍱也从金集聲秦入切 䥄 鏶或从咠 鍱 鏶也从金枼聲齊謂之鍱與涉切 鏟 鏶也一曰平鐵从金產聲初限切 鑪 方鑪也从金盧聲臣鉉等曰今俗別作爐非是洛故切 鏇

米據本作术是也

何據本作河是也

鏇圜鑪也从金旋聲辭戀切⿰金虒器也从金虒聲杜兮切鐪煎膠器也从金虜聲部古切釦金飾器口从金从口口亦聲苦
厚切錯金涂也从金昔聲倉各切䥏鉏䥏也从金御聲魚舉切鋙䥏或从吾錡鉏鋙也从金奇聲江淮之間謂
釜曰錡魚綺切鍤郭衣鍼也从金臿聲楚洽切鉥綦鍼也从金米聲食聿切鍼所以縫也从金咸聲臣鉉等曰今俗作針
非是職深切鈹大鍼也一曰劒如刀裝者从金皮聲敷羈切鎩鈹有鐔也从金殺聲所拜切鈕印鼻也从金丑
聲女久切𤣰古文鈕从玉銎斤斧穿也从金巩聲曲恭切鈭鈭錍斧也从金此聲即移切錍鈭錍也从
金卑聲府移切鏨小鑿也从金从斬斬亦聲藏濫切鐫穿木鐫也从金雋聲一曰琢石也讀若瀸子全切鑿穿木
也从金糳省聲在各切銛鍤屬从金舌聲讀若棪桑欽讀若鎌息廉切鈂臿屬从金冘聲直深切⿰金危臿屬
从金危聲一曰瑩鐵也讀若跛行過委切鐅何內謂臿頭金也从金敝聲芳滅切錢銚也古田器从金戔聲詩曰庤乃錢鎛即淺切
又昨先切钁大鉏也从金矍聲居縛切鈐鈐⿰金隋大犂也一曰類梠从金今聲巨淹切⿰金隋鈐⿰金隋也从金隋聲徒果切
鏺兩刃木柄可以刈艸从金發聲讀若撥普活切鉵梠屬从金蟲省聲讀若同徒冬切鉏立薅所用也从金且聲士

拒孫本作柜是也
鎌篆譌孫本作鎌是也
鍥篆譌孫本作鍥是也
陜方孫本作陟刃是也
說孫本作銳是也
鑱篆譌孫本作鑱是也
兔當从孫本作毚
說孫本同當作銳
鐘孫本作鐵是也
宮孫本作官是也
鏝鼓孫本作鏝或是也
單孫本作重
鋝篆譌孫本作鋝是也
乎孫本作寽是也
也孫本作爲是也
鋝上當从段補三字
罰書曰列孫本同當作虞
書曰罰
甾孫本作甾是也
兩孫本作鐲是也
令孫本作金是也

魚切
⿰金罷 拒屬从金罷聲讀若嬀彼爲切
鎌 鍥也从金兼聲力鹽切
鍥 鎌也从金契聲苦結切
鉊 大鐵也从金召声鎌謂之鉊張徹說止搖切
銍 穫禾短鎌也从金至聲陟栗切
鎮 博壓也从金眞聲陜方切
鉆 鐵銸也从金占聲一曰膏車鐵鉆敕淹切
銸 鉆也从金耴聲陟葉切
鉗 以鐵有所劫束也从金甘聲巨淹切
釱 鐵鉗也从金大聲特計切
鋸 槍唐也从金居聲居御切
鐕 可以綴著物者从金替聲則參切
錐 說也从金隹聲藏追切
鑱 說也从金兔声士銜切
銳 芒也从金兑聲以芮切
𠝣 籀文說从厂剡
鏝 鐘杇也从金曼聲毋宮切
槾 鏝鼓从木臣鉉等案木部已有此重出
鑽 所以穿也从金贊聲借官切
鑢 錯銅鐵也从金慮聲良據切
銓 衡也从金全聲此緣切
銖 權十分黍之單也从金朱聲市朱切
鋝 十銖二十五分之十三也从金乎聲周禮曰重三鋝北方以二十兩也鋝力輟切
鍰 鋝也从金爰聲罰書曰列百鍰户關切
錙 六銖也从金甾聲側持切
錘 八銖也从金垂聲直垂切
鈞 三十斤也从金匀聲居匀切
⿰金旬 古文鈞从旬
鈀 兵車也一曰鐵也司馬法晨夜内鈀車从金巴聲伯加切
鐲 鉦也从金蜀声卑法司馬執兩直角切
鈴 令丁也从令从令令亦聲郎丁切
鉦 鐃也以鈴柄中上下通从金正聲諸盈切
鐃 小鉦也軍

侯孫本作法是也
子孫本作于是也
縛當作鑮孫本作鎛亦誤
熏孫本作穜是也
鏻孫本作鱗是也
専孫本作尃是也

惪孫本作悤是也

布梨孫本作而乘是也
諸孫本作鍇是也
休孫本作林是也
釪孫本作釾是也
釪篆譌孫本作釾是也
未孫本作末是也
令孫本作合是也
鋋篆譌孫本作鋋是也
錄篆譌孫本作錄是也

戰孫本同當作戟
秘孫本作柲是也
弩孫本作弩是也
夷孫本作美是也

法卒長執鐃从金堯聲女交切 鐸 大鈴也軍侯五人爲伍五伍爲兩兩司爲執鐸从金睪聲徒洛切 鑮 大鐘淳子之屬所以應鐘磬也

堵以二金樂則鼓縛應之从金薄聲匹各切 鏞 大鐘謂之鏞从金庸聲余封切 鐘 樂鐘也秋分之音物熏成从金童聲古者垂作

鐘職茸切 銿 鐘或从甬 鈁 方鐘也从金方聲府良切 鎛 鎛鏻也鐘上橫木上金華也一曰田器从金専聲詩曰庤乃錢鎛

補各切 鍠 鐘聲也从金皇聲詩曰鐘鼓鍠鍠乎光切 鎗 鐘聲也从金倉聲楚庚切 鏓 鎗鏓也一曰大鑿平木者从金

惠聲倉紅切 錚 金聲也从金爭聲側莖切 鏜 鐘鼓之聲从金堂聲詩曰擊鼓其鏜土郎切 䡾 金聲也从金輕聲讀

若春秋傳曰䡾布梨它車苦定切 鐔 劍鼻也从金覃聲徐諸曰劍鼻人握處之下也徐休切 鏌 鏌釪也从金莫聲慕各切

釪 鏌釪也从金牙聲以遮切 鏢 刀削未銅也从金票聲撫招切 鈒 鋋也从金及聲穌令切 鋋 小矛也从金延聲市

連切 鈗 侍臣所執兵也从金允聲周書曰一人冕執鈗讀若允余準切 鉈 短矛也从金它聲食遮切 鏦 矛也从金從聲七恭

切臣鉉等曰今音楚江切 錄 鏦或从彖 錟 長矛也从金炎聲讀若老耼徒甘切 鏠 兵耑也从金逢聲敷容切 錞

矛戰秘下銅鐏也从金享聲詩曰厹矛沃錞徒對切 鐏 秘下銅也从金尊聲祖寸切 鏐 弩眉也一曰黃金之夷者从金翏聲力幽切

千孫本同當作干
閒上奪金字孫本圖不誤

鈐孫本作鈴是也

刧孫本作劫是也

瑣孫本同段訂作環

北孫本作此是也
又孫本作叉是也

鍭 矢金鏃翦羽謂之鍭从金侯聲乎鉤切 鏑 矢鏠也从金啇聲都歷切 鎧 甲也从金豈聲苦亥切 釬 臂鎧

也从金千聲侯旰切 錏 錏鍜頸鎧也从金亞聲烏牙切 鍜 錏鍜也从金叚聲乎加切 鐗 車軸鐵也从閒聲古莧切 釭

車轂中鐵也从金工聲古雙切 銴 車樘結也一曰銅生五色也从金折聲讀若誓時制切 釳 乘輿馬頭上防釳插以翟尾鐵翮象角所以

防網羅釳去之从金气聲許訖切 鑾 人君乘車四馬鑣八鑾鈐象鸞鳥聲和則敬也从金从鸞省洛官切 鉞 車鑾聲也从金戉聲

詩曰鑾聲鉞鉞臣鉉等曰今俗作鐬以鉞作斧戉之戉非是呼會切 鍚 馬頭飾也从金陽聲詩曰鉤膺鏤鍚一曰鍱車輪鐵臣鉉等曰今經典作錫與

章切 銜 馬勒口中从金从行銜行馬者也戶監切 鑣 馬銜也从金麃聲補嬌切 䥥 鑣或从角 鉣 組帶鐵也从金劫省

聲讀若刧居怯切 鈇 莝斫刀也从金夫聲甫無切 釣 鉤魚也从金勺聲多嘯切 ⿱埶金 羊箠耑有鐵从金埶聲讀若至脂利

切 鋃 鋃鐺瑣也从金良聲魯當切 鐺 鋃鐺也从金當聲都郎切 鋂 大瑣也一環貫二者从金每聲詩曰盧重鋂莫桮切

鍡 鍡鑸不平也从金畏聲烏賄切 鑸 鍡鑸也从金壘聲洛猥切 鎎 怒戰也从金氣聲春秋傳曰諸侯敵王所鎎許旣切

鋪 箸門鋪首也从金甫聲普胡切 鐉 所以鉤門戶樞也一曰治門戶器也从金巽聲北緣切 鈔 又取也从金少聲臣鉉等曰今

錔篆譌據本作鍣是也

楚交切俗別作抄 錔 以金有所冒也从金沓聲他答切 銽 斷也从金昏聲古活切 鉻 鬄也从金各聲盧各切 ⿰金亶 伐擊也从金亶聲旨善切 鏃 利也从金族聲作木切 鈌 刺也从金夬聲於決切 鏉 利也从金欶聲所右切 鎦 殺也 徐鍇曰說文無劉字偏旁有之此字又史傳所不見疑此即劉字也从金从丣刀字屈曲傳寫誤作田尔力求切 錉 業也賈人占錉从金昏聲武巾切 鉅 大剛也从金巨聲其呂切 鎕 鎕銻火齊从金唐聲徒郎切 銻 鎕銻也从金弟聲杜兮切 鈋 吪圜也从金化聲五禾切 鐓 下垂也一曰千斤椎从金敦聲都回切 鍒 鐵之耎也从金从柔柔亦聲耳由切 錭 鈍也从金周聲徒刀切 鈍 錭也从金屯聲徒因切 ⿰金朿 利也从金朿聲讀若齊徂奚切 錗 側意从金委聲女恚切

文一百九十七 重十三

鑺 兵器也从金瞿聲其俱切 銘 記也从金名聲莫經切 鎖 鐵鎖門鍵也从金𧴪聲蘇果切 鈿 金華也从金田聲待季切 釧 臂環也从金川聲尺絹切 釵 笄屬从金叉聲本只作叉此字後人所加楚佳切 釽 列衣也从金爪普擊切

文七 新附

幵 平也象二干對構上平也凡幵之屬皆从幵 徐鉉曰幵但象物平無音義也古賢切

文一

勺 挹取也象形中有實與包同意凡勺之屬皆从勺 之若切

与 賜予也一勺爲与此与與同余呂切

文二

几 踞几也象形周禮五几玉几雕几彤几纂几素几凡几之屬皆从几 居履切

凭 依几也从几从任周書凭玉几讀若馮臣鉉等曰人之依馮几所勝載故从任皮冰切

凥 處也从尸得几而止孝經曰仲尼凥凥謂閒居如此九魚切

処 止也得几而止从几从夂昌與切

處 処或从虍聲

文四　重二

且 薦也从几足有二橫一其下地也凡且之屬皆

木下段據小徐本補斤字

背孫本作昔是也

△新孫本同當作亲

斗篆譌孫本作[illegible]是也

从且 子余切又千也切

俎 禮俎也从半肉在且上側呂切 𧇡 且往也从且豦聲昨誤切 文三

斤 斫木也象形凡斤之屬皆从斤 舉欣切

斧 斫也从斤父聲方矩切 斨 方銎斧也从斤爿聲詩曰又缺我斨七羊切 斫 擊也从斤石聲之若切 斪 斫也

从斤句聲其俱切 斸 斫也从斤屬聲陟玉切 斲 斫也从斤𧯛臣鉉等𧯛器也斤以斲之竹角切 𣃏 斲或从畫从丮

釿 劑斷也从斤金宜引切 所 伐木聲也从斤戶聲詩曰伐木所所疏舉切 斯 析也从斤其聲詩曰斧以斯之息移切 斮 斬也

从斤背聲側略切 斷 截也从斤从𢇍𢇍古文絕徒玩切 𠁼 古文斷从皀皀古文叀字周書曰𧶇𧶇猗無他技 𢭏 亦古文

𣂺 柯擊也从斤良聲來可切 新 取木也从斤新聲息鄰切 斦 二斤也从二斤語斤切 文十五 重三

斗 十升也象形有柄凡斗之屬皆从斗 當口切

斛 十斗也从斗角聲胡谷切 斝 玉爵也夏曰琖殷曰斝周曰爵从吅从斗冂象形與爵同意或說斝受六升古雅切 料 量也从斗

斡孫本同當作倝

滿孫本同段訂作漏但依許義當作扁

斲孫本同當作斣

米在其中讀若遵洛藨蕭切

斞 量也从斗臾聲周禮曰求三斞以主切

斡 蠡柄也从斗𠦝聲楊雄杜林說皆以爲軺車輪斡烏括切

魁 羹斗也从斗鬼聲苦回切

斠 平斗斛也从斗冓聲古岳切

斟 勺也从斗甚聲職深切

斜 杼也从斗余聲讀若荼似嗟切

㪺 挹也从斗奭聲舉朱切

㪷 量物分半也从斗从半半亦聲博幔切

斛 量溢也从斗旁聲普郎切

𣄃 杼滿也从斗䜌聲俱願切

斣 相易物俱等爲斲从斗蜀聲易六切

斛 斛旁有斛从斗庣聲一曰突也一曰利也尒疋曰斛謂之疀古田器也臣鉉等曰說文無庣字疑厂象形兆聲今俗別作鍫非是土雕切

升 十龠也从斗亦象形識蒸切

文十七

矛 酋矛也建於兵車長二丈象形凡矛之屬皆从矛莫浮切

𢦒 古文矛从戈

䂆 矛屬从矛良聲魯當切

𥍯 矛屬从矛害聲苦蓋切

矠 矛屬从矛昔聲讀若笮士革切

矜 矛柄也从矛今聲居陵切又巨巾切

𥍰 刺也从矛丑聲女久切

文六　重一

車 輿輪之總名夏后時奚仲所造象形凡車之屬皆

从車。尺遮切

𨏥 籀文車 軒 曲輈藩車。从車干聲。虛言切 輜 輧車前，衣車後也。从車甾聲。側持切 輧 輜車也。从車幷聲。薄

丁切 轀 臥車也。从車𥁕聲。烏魂切 輬 臥車也。从車京聲。呂張切 軺 小車也。从車召聲。以招切 輕 輕車也。从車巠聲。去盈切

輶 輕車也。从車酋聲。詩曰：輶車鑾鑣。以周切 輣 兵車也。从車朋聲。薄庚切 軘 兵車也。从車屯聲。徒魂切 䡴 陷敶車也。

从車童聲。尺容切 轈 兵高車加巢以望敵也。从車巢聲。春秋傳曰：楚子登轈車。鉏交切 輿 車輿也。从車舁聲。以諸切 輯 車

和輯也。从車咠聲。秦入切 𨎌 衣車蓋也。从車曼聲。莫半切 軓 車軾前也。从車凡聲。周禮曰：立當前軓。音範 軾 車前也。从

車式聲。賞職切 輅 車軨前橫木也。从車各聲。臣鉉等曰：各非聲，當从路省。洛故切 較 車騎上曲銅也。从車爻聲。古岳切 𨋎 車耳反出

也。从車从反，反亦聲。府遠切 轛 車橫軨也。从車對聲。周禮曰：參分軹圍，去一以爲轛圍。追萃切 輢 車旁也。从車奇聲。於綺切 輒 車兩

輢也。从車耴聲。陟葉切 䡅 車約䡅也。从車川聲。周禮曰：孤乘夏䡅。一曰下棺車曰䡅。敕倫切 轖 車籍交錯也。从車嗇聲。所力切

軨 車轖間橫木。从車令聲。郎丁切 𨏊 軨或从霝。司馬相如說 輑 軺車前橫木也。从車君聲。讀若帬，又讀若褌。牛尹切

△張孫本同當作渠
耑孫本作端
緩孫本作滿
軏篆譌孫本作軏是也
且孫本作具是也
軏孫本作軏是也
抍孫本作拼是也

軫 車後橫木也从車㐱聲之忍切 轐 車伏兔也从車菐聲周禮曰加軫與轐焉博木切 𨎥 車伏兔下革也从車𢉖聲𢉖古昏字
讀若閔眉殞切 軸 持輪也从車由聲徐鍇曰當从胄省直六切 輹 車軸縛也从車复聲易曰輿脫輹芳六切 軔 礙車也从
車刃聲而振切 輮 車軔也从車柔聲人九切 𨏤 車輮規也一曰一輪車从車熒省聲讀若熒張營切 轂 輻所湊也从車㱿聲古祿
切 輥 轂齊等皃从車昆聲周禮曰望其轂欲其輥古本切 軝 長轂之軝也以朱約之从車氏聲詩曰約軝錯衡渠支切 𩌏 軝或
从革 軹 車輪小穿也从車只聲諸氏切 軎 車軸耑也从車象形杜林說徐鍇曰指事于濊切 轊 軎或从彗 輻 輪轑
也从車畐聲方六切 轑 蓋弓也一曰輻也从車尞聲盧皓切 軑 車輨也从車大聲特計切 輨 轂耑沓也从車官聲古緩切 轅
輈也从車袁聲雨元切 輈 轅也从車舟聲張流切 𨐄 籀文輈 𨌙 直轅車䡠也从車且聲居五切 軏 車轅耑持
衡者从車元聲魚厥切 軶 轅前也从車戹聲於革切 𨍉 軶軥也从車軍聲乎昆切 軥 軶下曲者从車句聲古候切
轙 車衡載轡者从車義聲魚綺切 钀 轙或从金从獻 軜 驂馬內轡繫軾前者从車內聲詩曰㳄以觼軜奴荅切 𧗽
車搖也从車从行一曰衍省聲古絢切 䡙 軺車後登也从車丞聲讀若易抍馬之抍署陵切 載 乘也从車𢦏聲作代切 軍

達 孫本作運是也
女 孫本作切是也
郡 孫本作部是也
兩 孫本作与是也

圜圍也四千人爲軍从車从包省軍兵車也舉云切

軷 出將有事於道必先告其神立壇四通樹茅以依神爲軷既祭軷轢於牲而行爲範軷詩曰取羝以軷从車犮聲蒲撥切

範 範軷也从車笵省聲讀與犯同音犯

𨎮 載高皃从車獻省聲五葛切

轄 車聲也从車害聲一曰轄鍵也胡八切

轉 達也从車專聲知戀切

輸 委輸也从車俞聲式朱切

輖 重也从車周聲職流切

輩 若軍發車百兩爲輩从車非聲補妹切

軋 輾也从車乙聲烏轄切

輾 轢也从車展聲尼展女

轢 車所踐也从車樂聲歷各切

軌 車徹也从車九聲居洧切

𨋩 車迹也从車從省聲臣鉉等曰今俗別作蹤非是即容切

軼 車相出也从車失聲夷質切

䡢 車䡢鉻也从車眞聲讀若論語鏗尒舍瑟而作又讀若掔苦閑切

䡵 抵也从車埶聲陟利切

軭 車戾也从車匡聲巨王切

輟 車小缺復合者从車叕聲臣鉉等按网郡輟兩罬同此重出陟劣切

𨊻 礙也从車多聲康禮切

轚 車轄相擊也从車从毄毄亦聲周禮曰舟輿擊互者古歷切

𨐌 治車軸也从車算聲所眷切

軻 接軸車也从車可聲康我切

䡰 車堅也从車殸聲口莖切

軵 反推車令有所付也从車从付讀若胥而隴切

輪 有輻曰輪無輻曰輇从車侖聲力屯切

輇 蕃車下庳輪也一曰無輻也从車全聲讀若饌市緣切

輗 大車轅耑持衡者从車兒聲五雞切

𨍥 輗或从宜

棿 輗又从木

軧 大車後也从車氐聲丁礼切

轃篆譌當作轃孫本微誤

𨏥篆譌孫本同當作𨏥

轃 大車簀也从車秦聲讀若臻側詵切 轒 淮陽名車穹隆轒从車賁聲符分切 䡝 大車後壓也从車宛聲於云切

輂 大車駕馬也从車共聲居玉切 𨏥 連車也一曰却車抵堂為𨏥从車差省聲讀若遲士皆切 輦 輓車也从車从扶在車前引之力展切 輓 引之也从車免聲無遠切 軖 紡車也一曰一輪車从車㞷聲讀若狂巨王切 轘 車裂人也从車睘聲春秋傳曰轘諸栗門臣鉉等曰睘渠營切非聲當从還省胡慣切 斬 截也从車从斤斬法車裂也側減切 輀 喪車也从車而聲如之切 輔 人頰車也从車甫聲扶雨切 轟 羣車聲也从三車呼宏切

文九十九 重八

轏 車名从車孱聲士限切 轔 車聲从車粦聲力珍切 轍 車迹也从車徹省聲本通用徹後人所加直列切

文三 新附

𠂤 小𠂤也象形凡𠂤之屬皆从𠂤臣鉉等曰今俗作堆都回切

𡴀 危高也从𠂤屮聲讀若臬魚列切 官 史事君也从宀从𠂤𠂤猶眾也此與師同意古丸切

文三

說文解字第十四上

氏孫本作愼

九孫本作九是也

禹孫本作禺是也

說文解字第十四下

漢太尉祭酒許氏記

銀青光祿大夫守右散騎常侍上柱國東海縣開國子食邑五百戶臣徐鉉等奉

敕校定

𨸏 大陸山無石者象形凡𨸏之屬皆从𨸏 房九切

𨸑 古文

陵 大𨸏也从𨸏夌聲力膺切

䧌 大𨸏也从𨸏鯀聲胡本切

阞 地理也从𨸏力聲盧則切

陰 闇也水之南山之北也从𨸏侌聲於今切

陽 高明也从𨸏昜聲與章切

陸 高平地从𨸏从坴坴亦聲力竹切

𨺻 籀文陸

阿 大陵也一曰曲𨸏也从𨸏可聲烏何切

陂 阪也一曰池也从𨸏皮聲彼為切

阪 坡者曰阪一曰澤障一曰山脅也从𨸏反聲府遠切

陬 阪隅也从𨸏取聲子侯切

隅 陬也从𨸏禹聲噳俱切

險 阻難也从𨸏僉聲虛檢切

限 阻也一曰門榍从𨸏艮聲乎簡切

阻 險也从𨸏且聲側呂切

陮 陮隗高也从𨸏隹聲都辠切

隗 陮隗也从𨸏鬼聲五辠切

阭 高也一曰石也从𨸏允聲余準切

⿰阝𠂹 磊也从𨸏𠂹聲落猥切

陗 陖也从𨸏肖聲七笑切

陖 陗高也从𨸏夋聲私閏切

崪 條本作崎是也

卷 條本作巷是也

于 條本作于是也

讀若下有奪字小徐本作讀若瀆段注作讀若洞 條本同

泰 條本同當作秦

忽 條本作忽是也

隥 仰也从𨸏登聲都鄧切
陋 阸陜也从𨸏㔻聲盧候切
陜 隘也从𨸏夾聲臣鉉等曰今俗从山非是侯夾切
陟 登也从𨸏从步竹力切
𨺷 古文
陷 高下也一曰陊也从𨸏从臽臽亦聲戶猪切
隰 阪下溼也从𨸏㬎聲似入切
⿰阝區 敧也从𨸏區聲臣鉉等曰今俗作崪嶇非是豈俱切
隤 下隊也从𨸏貴聲杜回切
隊 從高隊也从𨸏㒸聲徒對切
降 下也从𨸏夅聲古卷切
隕 從高下也从𨸏員聲易曰有隕自天于敏切
隉 危也从𨸏从毀省徐巡以爲隉凶也賈侍中說隉法度也班固說不安也周書曰邦之阢隉讀若虹蜺之蜺五結切
阤 小崩也从𨸏也聲丈尒切
隓 敗城𨸏曰隓从𨸏𡏁聲臣鉉等曰說文無𡏁字蓋二左也衆力左之故从二左今俗作隳非是許規切
𡐦 篆文
⿰阝頃 仄也从𨸏从頃頃亦聲去營切
陊 落也从𨸏多聲臣鉉等曰今俗作墮非是徒果切
阬 閬也从𨸏亢聲客庚切臣鉉等曰今俗作坑非是
⿰阝𧶠 通溝也从𨸏𧶠聲讀若徒谷切
⿰谷𧶠 古文⿰阝𧶠从谷
防 隄也从𨸏方聲符方切
埅 防或从土
隄 唐也从𨸏是聲都兮切
阯 基也从𨸏止聲諸市切
址 阯或从土
陘 山絕坎也从𨸏巠聲戶經切
附 附婁小土山也从𨸏付聲春秋傳曰附婁無松柏符又切
阺 泰謂陵阪曰阺从𨸏氐聲丁禮切
阢 石山戴土也从𨸏从兀兀亦聲五忽切
隒 崖也从𨸏兼聲讀若儼魚檢切
阸 塞也从𨸏戹聲於革切
隔

臿孫本作鍤是也

由孫本作田是也

外孫本作升是也

障也从𨸏鬲聲古覈切 障 隔也从𨸏章聲之亮切 隱 蔽也从𨸏㥯聲於謹切 隩 水隈崖也从𨸏奥聲烏到切 隈 水曲隩也从𨸏畏聲烏恢切 𨸲 𨸲商小塊也从𨸏从臾臣鉉等曰臾古文蕢字去衍切 。⿰阝解 水衡官谷也从𨸏解聲一曰小谿胡買切 隴 天水大阪也从𨸏龍聲力鍾切 阾 酒泉天依阪也从𨸏衣聲於希切 陝 弘農陝也古虢國王季之子所封也从𨸏夾聲失冉切 ⿰阝無 弘農陝東陬也从𨸏無聲武扶切 ⿰阝卷 河東安邑陬也从𨸏卷聲居遠切 陭 上黨陭氏阪也从𨸏奇聲於离切 隃 北陵西隃鴈門是也从𨸏俞聲傷遇切 阮 代郡五阮關也从𨸏元聲虞遠切 䧊 大𨸏也一曰右扶風郿有䧊𨸏从𨸏告聲苦浩切 陚 丘名从𨸏武聲方遇切 ⿰阝貞 丘名从𨸏貞聲陟盈切 ⿰阝丁 丘名从𨸏丁聲讀若丁當經切 𨸏爲 鄭地阪从𨸏爲聲春秋傳曰將會鄭伯于𨸏爲許爲切 𨸏者 如渚者𨸏者丘水中高者也从𨸏者聲當古切 陳 宛丘舜後嬀滿之所封从𨸏从木申聲臣鉉等曰陳者大昊之虛畫八卦之所木德之始故从木直珍切 𨸏申 古文陳 陶 再成丘也在濟陰从𨸏匋聲夏書曰東至于陶丘陶丘有堯城堯嘗所居故堯號陶唐氏徒刀切 𨸏召 耕以臿浚出下壚土也一曰耕休由也从𨸏从土召聲之少切 阽 壁危也从𨸏占聲余廉切 除 殿陛也从𨸏余聲直魚切 階 陛也从𨸏皆聲古諧切 阼 主階也从𨸏乍聲昨誤切 陛 外高階也从𨸏坒聲旁禮切 陔 階次也从𨸏亥聲古

陆小篆譌孫本作阹是也

哀切 際 壁會也从𨸏祭聲子例切 隙 壁際孔也从𨸏从㡀㡀亦聲綺戟切 陪 重土也一曰滿也从𨸏咅聲薄回切 ⿰阝彖 道邊庳垣也从𨸏彖聲徒玩切 陾 築牆聲也从𨸏耎聲詩云捄之陾陾如乘切 陴 城上女牆俾倪也从𨸏卑聲符支切 𩫖 籒文陴从𩫏 隍 城池也有水曰池無水曰隍从𨸏皇聲易曰城復于隍乎光切 阹 依山谷爲牛馬圈也从𨸏去聲去魚切 陲 危也从𨸏垂聲是爲切 隖 小障也一曰庳城也从𨸏烏聲安古切 院 堅也从𨸏完聲臣鉉等按宀部已有此重出王眷切 陯 山𨸏陷也从𨸏侖聲盧昆切 陙 水𨸏也从𨸏辰聲食倫切 䧖 水𨸏也从𨸏戔聲慈衍切

文九十二　重九

阠 稜名从𨸏卂聲所臻切 阡 路東西爲陌南北爲阡从𨸏千聲倉先切

文二　新附

𨺅 兩𨸏之間也从二𨸏凡𨺅之屬皆从𨺅房九切

𨼸 𨸏突也从𨺅決省聲於決切 𨽌 陋也从𨺅𦍌聲𦍌籒文嗌字烏懈切 隘 篆文𨽌从𨸏益 𨻶 塞上亭守烽火者从𨺅从火遂聲徐醉切 隧 篆文省

文四　重二

厽 絫坺土爲牆壁象形凡厽之屬皆从厽力軌切

絫 增也从厽从糸絫十黍之重也力軌切 垒 絫墼也从厽从土力軌切 文三

四 陰數也象四分之形凡四之屬皆从四 息利切

𦉭 古文四 亖 籒文四 文一 重二

宁 辨積物也象形凡宁之屬皆从宁 直呂切

⿰甾宁 ⿰巾盾也所以載盛米从宁从甾甾缶也陟呂切 文二

叕 綴聯也象形凡叕之屬皆从叕 陟劣切

綴 合箸也从叕从糸 陟衞切 文二

亞 醜也象人局背之形賈侍中說以爲次弟也凡亞之屬皆从亞 衣駕切

⿱亞冋 闕 衣駕切 文二

【五】五行也从二陰陽在天地閒交午也凡五之屬皆从五 臣鉉等曰二天地也 疑古切

【乂】古文五省 文一 重一

【六】易之數陰變於六正於八从入从八凡六之屬皆从六 力竹切 文一

【七】陽之正也从一微陰从中衺出也凡七之屬皆从七 親吉切 文一

【九】陽之變也象其屈曲究盡之形凡九之屬皆从九 舉有切

【馗】九達道也似龜背故謂之馗馗高也从九从首 渠追切 【逵】馗或从辵从坴 文二 重一

禸 獸足蹂地也象形九聲尔疋曰狐貍貛貉醜其足蹞其迹禸凡禸之屬皆从禸 人九切

蹂 篆文从足柔聲

禽 走獸總名从禸象形今聲禽离兕頭相似 巨今切

离 山神獸也从禽頭从禸从屮歐陽喬說离猛獸也 臣鉉等曰从屮義無所取疑象形 呂支切

萬 蟲也从禸象形 無販切

禹 蟲也从禸象形 王矩切

𠙻 古文禹

𥝵 周成王時州靡國獻𥝵人身反踵自笑笑即上脣揜其目食人北方謂之土螻尔疋云𥝵𥝵如人被髮一名梟陽从禸象形 符未切

禼 蟲也从禸象形讀與偰同 私列切

𥜿 古文禼

文七　重三

嘼 㹌也象耳頭足禸地之形古文嘼下从禸凡嘼之屬皆从嘼 許救切

獸 守備者从嘼从犬 舒救切

文二

甲 東方之孟陽气萌動从木戴孚甲之象一曰人頭

宐為甲甲象人頭凡甲之屬皆从甲 古狎切

[甲] 古文甲始於十見於千成於木之象

文一 重一

[乙] 象春艸木冤曲而出陰气尚彊其出乙乙也與丨同意乙承甲象人頭凡乙之屬皆从乙 於筆切

[乾] 上出也从乙乙物之達也倝聲 渠焉切又古寒切 [乾] 籀文乾 [亂] 治也从乙乙治之也从𤔔 郎段切 [尤] 異也从乙又聲 徐鍇曰乙欲出而見閡見閡則顯其尤異也 羽求切

文四 重一

[丙] 位南方萬物成炳然陰气初起陽气將虧从一入冂一者陽也丙承乙象人肩凡丙之屬皆从丙 徐鍇曰陽功成入於冂冂門也天地陰陽之門也 兵永切

文一

[丁] 夏時萬物皆丁實象形丁承丙象人心凡丁之屬

承孫本作丞是也

皆从丁。當經切　文一

戊　中宮也。象六甲五龍相拘絞也。戊承丁，象人脅。凡戊之屬皆从戊。莫候切

成　就也。从戊丁聲。氏征切　㦿　古文成从午。徐鍇曰：戊中宮成於中也

文二　重一

己　中宮也。象萬物辟藏詘形也。己承戊，象人腹。凡己之屬皆从己。居擬切

㠱　古文己

巹　謹身有所承也。从己承。讀若詩云赤舄己己。居隱切

曩　長踞也。从己其聲。讀若杞。暨己切

文三　重一

巴　蟲也。或曰食象蛇。象形。凡巴之屬皆从巴。徐鍇曰：一所吞也。指事。伯加切

𢀳　挹擊也。从巴帚。闕。博下切

文二

古乎切孫本作从台是也

庚 位西方象秋時萬物庚庚有實也庚承己象人

齎凡庚之屬皆从庚古行切 文一

辛 秋時萬物成而孰金剛味辛辛痛即泣出从一从

辛辛辠也辛承庚象人股凡辛之屬皆从辛息鄰切

辠 犯法也从辛从自言辠人蹙鼻苦辛之憂秦以辠似皇字改爲罪臣鉉等曰自古者以爲自鼻字故从自徂賄切 辜 辠也从辛古聲

古乎切 𡴀 古文辜从死 辥 辠也从辛𡸁聲私列切 辤 不受也从辛从受受辛宜辤之似兹切 辝 籀文

古乎切 辭 訟也从𤔔𤔔猶理辜也𤔔理也似兹切 𤅷 籀文辭从司 文六 重三

辡 辠人相與訟也从二辛凡辡之屬皆从辡方免切

辯 治也从言在辡之間符蹇切 文二

壬 位北方也陰極陽生故易曰龍戰于野戰者接也

兩孫本作用是也
文孫本作之是也
𣪊當作㱿孫本作穀更誤

象人褢妊之形承亥壬以子生之敘也與巫同意

壬承辛象人脛脛任體也凡壬之屬皆从壬 如林切 文一

癸 冬時水土平可揆度也象水從四方流入地中之形

癸承壬象人足凡癸之屬皆从癸 居誄切

癸 籒文从癶从矢 文一 重一

子 十一月陽气動萬物滋入以爲偁象形凡子之屬皆从子 李陽冰曰子在襁緥中足併也 即里切

子 古文子从巛象髮也 子 籒文子囟有髮臂脛在几上也 孕 褢子也从子从几 徐鍇曰取象於褢妊也 以證切 娩 生子免身也从子从免 徐鍇曰說文無免字疑此字从䘙省以免身之義通用爲解免之免晚冕之類皆當从䘙省 芳萬切 臣鉉等曰今俗作亡辯切 字 乳也从子在宀下子亦聲 疾置切 穀 乳也从子㱿聲一曰瞉敄目也 古候切 孿 一乳兩子也从子䜌聲 生患切 孺 一乳子也一日輸

飯孫本作汲是也

也輸向小也从子需聲而遇切 季 少偁也从子从稚省稚亦聲居悸切 孟 長也从子皿聲莫更切 𡥀 古文孟

孽 庶子也从子辥聲魚列切 孳 汲飯生也从子兹聲子之切 𡥣 籒文孳从絲 孤 無父也从子瓜聲古乎切 存

恤問也从子才聲徂尊切 𡥈 放也从子爻聲古肴切 疑 惑也从子止匕矢聲徐鍇曰止不通也𠤕古矢字反匕之幼子多惑也語其切

文十五　重四

了 尥也从子無臂象形凡了之屬皆从了盧鳥切

孑 無右臂也从了乚象形居桀切 孓 無左臂也从了丿象形居月切

文三

孨 謹也从三子凡孨之屬皆从孨讀若翦旨兖切

孱 迮也一曰呻吟也从孨在尸下臣鉉等曰尸者屋也士連切 孴 盛皃从孨从日讀若薿薿一曰若存魚紀切 𡦂 籒文孴从二子一曰𡦂即奇字𣈆

文三　重一

𠫓 不順忽出也从到子易曰突如其來如不孝子

云孫本作𠫓是也

㐬孫本作流

羞篆譌孫本作羞是也

寅篆譌孫本同當作寅

突出不容於內也凡𠫓之屬皆从𠫓 他骨切

㐬 或从到古文子即易突字 育 養子使作善也从𠫓肉聲虞書曰教育子 徐鍇曰云不順子也不順子亦教之况順者乎 余六切

毓 育或从每 㐬 通也从𠫓从疋疋亦聲 所葅切 文三 重二

丑 紐也十二月萬物動用事象手之形時加丑亦舉手時也凡丑之屬皆从丑 敕九切

𦛏 食肉也从丑从肉 女久切 羞 進獻也从羊羊所進也从丑丑亦聲 息流切 文三

寅 髕也正月陽气動去黃泉欲上出陰尚彊象宀不達髕寅於下也凡寅之屬皆从寅 徐鍇曰髕斥之意人陽气銳而出上閡於宀臼所以擯之也 弋真切

𡨝 古文寅 文一 重一

徹孫本作徹是也

辱篆譌孫本作辱是也

卯冒也二月萬物冒地而出象開門之形故二月爲天門凡卯之屬皆从卯莫飽切

𠨦古文卯

文一 重一

辰震也三月陽气動靁電振民農時也物皆生从乙匕象芒達厂聲也辰房星天時也从二二古文上字凡辰之屬皆从辰徐鍇曰匕音化乙艸木萌初出曲卷也臣鉉等曰三月陽气成艸木生上徹於土故从匕厂非聲疑亦象物之出植鄰切

𨑃古文辰

辱恥也从寸在辰下失耕時於封畺上戮之也辰者農之時也故房星爲辰田候也而蜀切

文二 重一

巳巳也四月陽气巳出陰气巳藏萬物見成文章故巳爲蛇象形凡巳之屬皆从巳詳里切

辰孫本作反是也

予孫本同當作与

申篆𦥔孫本作申是也
曰孫本作臼是也

巳 用也从辰巳賈侍中說巳意巳實也象形羊止切 文二

午 啎也五月陰气午逆陽冒地而出此予矢同意

凡午之屬皆从午 疑古切 文二

啎 逆也从午吾聲五故切

未 味也六月滋味也五行木老於未象木重枝葉也

凡未之屬皆从未 無沸切 文一

申 神也七月陰气成體自申束从臼自持也吏臣餔

時聽事申旦政也凡申之屬皆从申 失人切

申 古文申 申 籒文申

𤰈 擊小鼓引樂聲也从申柬聲羊晉切 臾 束縛捽抴爲臾从申从乙臣鉉等曰乙屈

也羊朱切 曳 臾曳也从申丿聲余制切 文四 重三

䤈篆譌孫本作䤈是也
秫孫本作秫是也

醠篆譌孫本作醠是也
醲篆譌孫本作醲是也

涉孫本作陟是也
⿰酉竷篆譌孫本作⿰酉竷是也

酉 就也八月黍成可爲酎酒象古文酉之形凡酉之屬皆从酉 與久切

丣 古文酉从丣丣爲春門萬物已出丣爲秋門萬物已入一閉門象也

酒 就也所以就人性之善惡从水从酉酉亦聲一曰造也吉凶所造也古者儀狄作酒醪禹嘗之而美遂疏儀狄杜康作秫酒 子酉切

䤈 麴生衣也从酉冡聲莫紅切

⿰酉甚 孰麴也从酉甚聲余箴切

釀 醖也作酒曰釀从酉襄聲女亮切

醖 釀也从酉昷聲於問切

䣼 酒疾孰也从酉弁聲芳萬切

酴 酒母也从酉余聲讀若廬同都切

釃 下酒也一曰醇也从酉麗聲所綺切

⿰酉肙 䣼酒也从酉肙聲古玄切

⿰酉鬲 䣼也从酉鬲聲郎擊切

醴 酒一宿孰也从酉豊聲盧啓切

醪 汁滓酒也从酉翏聲魯刀切

醇 不澆酒也从酉享聲常倫切

醹 厚酒也从酉需聲詩曰酒醴惟醹 而主切

酎 三重醇酒也从酉从時省明堂月令曰孟秋天子飲酎 除柳切

醠 濁酒也从酉盎聲烏浪切

醲 厚酒也从酉農聲女容切

⿰酉茸 酒也从酉茸聲而容切

酤 一宿酒也一曰買酒也从酉古聲古乎切

⿰酉智 酒也从酉智省涉离切

⿰酉監 泛齊行酒也从酉監聲盧瞰切

⿰酉竷 酒味淫也从酉竷省聲讀若章春秋傳曰美而豔古禫切

酷 酒厚味也

酓 酒味苦也从酉今聲於剡切

年案此篆解共十六字此本与孫本皆奪段據小徐本補于酷後醰前是也

从酉告聲苦沃切

醰 酒味苦也从酉覃聲徒紺切

⿰酉市 酒色也从酉市聲普活切

配 酒色也从酉巳聲臣鉉等曰巳非聲當从妃省滂佩切

⿰酉弋 酒色也从酉弋聲與職切

醆 爵也一曰酒濁而微清也从酉戔聲阻限切

酌 盛酒行觴也从酉勺聲之若切

醮 冠娶禮祭从酉焦聲子肖切

𥛩 醮或从示

⿰酉贊 飲酒也从酉贊聲子肰切

酳 少少飲也从酉勻聲余刃切

醻 主人進客也从酉𠷎聲市流切

酬 醻或从州

醋 客酌主人也从酉昔聲在各切臣鉉等曰今俗作倉故切

⿰酉𥁑 飲酒俱盡也从酉𥁑聲迷必切

釂 飲酒盡也从酉嚼省聲子肖切

酣 酒樂也从酉从甘甘亦聲胡甘切

酖 樂酒也从酉冘聲丁含切

醧 私宴飲也从酉區聲依倨切

醵 會飲酒也从酉豦聲其虐切

⿰酉巨 醵或从巨

酺 王德布大飲酒也从酉甫聲薄乎切

醅 醉飽也从酉咅聲匹回切

醉 卒也卒其度量不至於亂也一日潰也从酉从卒將遂切

醺 醉也从酉熏聲詩曰公尸來燕醺醺許云切

醟 酗也从酉熒省聲為命切

酗 醉醟也从酉句聲香遇切

酲 病酒也一日醉而覺也从酉呈聲直貞切

醫 治病工也殹惡姿也醫之性然得酒而使从酉王育說一日殹病聲酒所以治病也周禮有醫酒古者巫彭初作醫於其切

莤 禮祭束茅加于祼圭而灌鬯酒是為莤象神歆之也一曰莤榼上塞也从酉从艸春

酉篆譌孫本作醻是也

年孫本作乍是也

秋傳曰尔貢包茅不入王祭不供無以莤酒所六切 醨 薄酒也从酉离聲讀若離呂支切 䤊 酢也从酉韱聲初減切

酸 酢也从酉夋聲關東謂酢曰酸素官切 ⿰酉畯 籒文酸从畯 䣳 酢漿也从酉𢦏聲徒奈切 醶 酢漿也从酉僉聲臣鉉等曰今俗作釅非是魚窆切

酢 醶也从酉年聲倉故切臣鉉等曰今俗作在各切 酏 黍酒也从酉也聲一曰甜也賈侍中說酏爲鬻清移尔切

醬 醢也从肉从酉酒以和醬也爿聲即亮切 ⿰爿酉 古文 ⿱⿰爿酉皿 籒文 醢 肉醬也从酉𥁑臣鉉等曰𥁑器也所以盛醢呼改切 ⿰𢀖𥁑 籒文

醔 醔䤈榆醬也从酉敄聲莫候切 䤈 醔䤈也从酉俞聲田候切 酹 餟祭也从酉寽聲郎外切 䤗 擣榆醬也从酉畢聲蒲計切

⿰酉矞 醬也从酉矞聲居律切 ⿰酉京 雜味也从酉京聲力讓切 ⿰斬酉 闕慈冉切 ⿰冉酉 闕而琰切

文六十七 重八

酪 乳漿也从酉各聲盧各切 醐 醍醐酪之精者也从酉胡聲戶吳切 酩 酩酊醉也从酉名聲莫迥切 酊 酩酊也从酉丁聲都挺切 醒 醉解也从酉星聲按醒字注云一曰醉而覺也則古醒亦音醒也桑經切 醍 清酒也从酉是聲它禮切 文六新附

酋 繹酒也从酉水半見於上禮有大酋掌酒官也凡

酋之屬皆从酋字秋切

尊酒器也从酋廾以奉之周禮六尊犧尊象尊著尊壺尊太尊山尊以待祭祀賓客之禮祖昆切　尊尊或从寸臣鉉等曰今俗以尊作尊卑之尊別作罇非是

文二　重一

戌滅也九月陽气微萬物畢成陽下入地也五行土生於戊盛於戌从戊含一凡戌之屬皆从戌辛聿切

文一

亥荄也十月微陽起接盛陰从二二古文上字一人男一人女也从乙象裹子咳咳之形春秋傳曰亥有二首六身凡亥之屬皆从亥胡改切

亥古文亥爲豕與豕同亥而生子復從一起

文一　重一

說文解字弟十四下

說文解字第十五上　漢太尉祭酒許愼記

銀青光祿大夫守右散騎常侍上柱國東海縣開國子食邑五百戶徐鉉等奉

敕校定

古者庖犧氏之王天下也仰則觀象於天俯則觀法於地視鳥獸之文與地之宜近取諸身遠取諸物於是始作易八卦以垂憲象及神農氏結繩爲治而統其事庶業其繁飾僞萌生黃帝之史倉頡見鳥獸蹏迒之迹知分理之可相别異也初造書契百工以乂萬品以察蓋取諸夬夬揚于王庭言文者宣教明化於王者朝廷君子所以施祿及下居德則忌也倉頡

之初作書蓋依類象形故謂之文其後形聲相益即謂之字字者言孳乳而浸多也箸於竹帛謂之書書者如也以迄五帝三王之世改易殊體封于泰山者七十有二代靡有同焉周禮八歲入小學保氏教國子先以六書一曰指事指事者視而可識察而可見上下是也二曰象形象形者畫成其物隨體詰詘日月是也三曰形聲形聲者以事為名取譬相成江河是也四曰會意會意者比類合誼以見指撝武信是也五曰轉注轉注者建類一首同意相受考老是也六曰假借假借者本無其字依聲託事令長是也及

宣王太史籀著大篆十五篇與古文或異至孔子書六經左丘明述春秋傳皆以古文厥意可得而說其後諸侯力政不統於王惡禮樂之害已而皆去其典籍分爲七國田疇異畮車涂異軌律令異法衣冠異制言語異聲文字異形秦始皇帝初兼天下丞相李斯乃奏同之罷其不與秦文合者斯作倉頡篇中車府令趙高作爰歷篇太史令胡毋敬作博學篇皆取史籀大篆或頗省改所謂小篆者也是時秦燒滅經書滌除舊典大發隸卒興役戍官獄職務繁初有隸書以趣約易而古文由此絕矣徐鍇曰王僧虔云秦獄吏程邈善大篆得罪繫雲陽獄增減

大篆去其繁複始皇善之出為御史名其書曰隸書班固云謂施之於徒隸也卽今之隸書而無點畫俯仰之勢

自爾秦書有八體一曰大篆二曰小篆三曰刻符四曰蟲書徐鍇曰案漢書注蟲書卽鳥書以書幡信首象鳥形卽下云鳥蟲是也五曰摹印蕭子良以刻符摹印合為一體徐鍇以為符者竹而中剖之字形半分理應別為一體摹印屈曲塡密則秦璽文也子良誤合之六曰署書蕭子良云署書漢高六年蕭何所定以題蒼龍白虎二闕羊欣云何覃思累月然後題之七曰殳書徐鍇曰書於殳也殳體八觚隨其勢而書之八曰隸書漢興有艸書徐鍇曰案書傳多云張芝作艸又云齊相杜操作據說文則張芝之前已有矣蕭子良云藁書者董仲舒欲言災異藁艸未上卽為藁書藁者艸之初也史記上官奪屈原藁艸今云漢興有艸知所言藁艸是創艸非艸書也尉律徐鍇曰尉律漢律篇名學僮十七已上始試諷籒書九千字乃得為吏又以八體試之郡移太史并課最者以為尚書史書或不正輒舉劾之今雖有尉律不課小學不修莫達其說久矣

之孫本同當作邈

孝宣時召通倉頡讀者張敞從受之凉州刺史杜業
沛人爰禮講學大夫秦近亦能言之孝平時徵禮等
百餘人令說文字未央廷中以禮爲小學元士黃門
侍郎楊雄采以作訓纂篇凡倉頡已下十四篇凡五
千三百四十字羣書所載略存之矣及亡新居攝使
大司空甄豐等校文書之部自以爲應制作頗改定
古文時有六書一曰古文孔子壁中書也二曰奇字即
古文而異者也三曰篆書即小篆秦始皇帝使下杜
人程之所作也徐鍇曰李斯雖改史篇爲秦篆而程邈復同作也四曰佐書即秦隸書
五曰繆篆所以摹印也六曰鳥蟲書所以書幡信也

小徐本宣下有皇帝
小徐本平字下有皇帝二字
應小徐本作應
之小徐本作邈
佐小徐本作左

諠條本作誼是也

時條本作持是也

壁中書者魯恭王壞孔子宅而得禮記尚書春秋論語孝經又北平侯張倉獻春秋左氏傳郡國亦往往於山川得鼎彝其銘即前代之古文皆自相似雖叵復見遠流其詳可得略說也而世人大共非訾以爲好奇者也故詭更正文鄉壁虛造不可知之書變亂常行以燿於世諸生競說字解經諠稱秦之隸書爲倉頡時書云父子相傳何得改易乃猥曰馬頭人爲長人時十爲斗虫者屈中也廷尉說律至以字斷法苛人受錢苛之字止句也若此者甚衆皆不合孔氏古文謬於史籒俗儒啚夫翫其所習蔽所希聞不見

流小條本作沫

競小條本作竟下多逐字

啚小條本作鄙

通學未嘗覩字例之條怪舊埶而善野言以其所知
爲祕妙究洞聖人之微恉又見倉頡篇中幼子承詔
因號古帝之所作也其辭有神僊之術焉其迷誤不
諭豈不悖哉書曰予欲觀古人之象言必遵修舊文
而不穿鑿孔子曰吾猶及史之闕文今亡也夫蓋非其
不知而不問人用巳私是非無正巧說衺辭使天下
學者疑蓋文字者經藝之本王政之始前人所以垂
後後人所以識古故曰本立而道生知天下之至嘖
而不可亂也今敘篆文合以古籀博采通人至于小
大信而有證稽譔其說將以理羣類解謬誤曉學者

達神恉徐鍇曰恉即意字小言者美也多通用分別部居不相雜廁徐鍇曰分部相從自許始也萬物咸覩靡不兼載厥誼不昭爰明以諭其稱易孟氏書孔氏詩毛氏禮周官春秋左氏論語孝經皆古文也其於所不知蓋闕如也

說文解字第一

一部一 丄部二 示部三 三部四 王部五 玉部六

玨部七 气部八 士部九 丨部十 屮部十一 艸部十二

蓐部十三 茻部十四

說文解字第二

小部十五 八部十六 釆部十七 半部十八 牛部十九 犛部二十

𣥠篆譌孫本作𣥠是也

告 部二十一　口 部二十二　凵 部二十三　吅 部二十四　哭 部二十五　走 部二十六

止 部二十七　癶 部二十八　步 部二十九　此 部三十　正 部三十一　是 部三十二

辵 部三十三　彳 部三十四　廴 部三十五　㢟 部三十六　行 部三十七　齒 部三十八

牙 部三十九　足 部四十　疋 部四十一　品 部四十二　龠 部四十三　冊 部四十四

說文解字弟三

㗊 部四十五　舌 部四十六　干 部四十七　𧮫 部四十八　只 部四十九　㕯 部五十

句 部五十一　丩 部五十二　古 部五十三　十 部五十四　卅 部五十五　言 部五十六

誩 部五十七　音 部五十八　䇂 部五十九　丵 部六十　菐 部六十一　廾 部六十二

𠬜 部六十三　共 部六十四　異 部六十五　舁 部六十六　𦥑 部六十七　晨 部六十八

爨 部六十九　革 部七十　鬲 部七十一　䰜 部七十二　爪 部七十三　丮 部七十四

百孫本同當作皕

鬥部七十五
又部七十六
𠂇部七十七
史部七十八
支部七十九
𦘒部八十
聿部八十一
畫部八十二
隶部八十三
臤部八十四
臣部八十五
殳部八十六
殺部八十七
𠘧部八十八
寸部八十九
皮部九十
㼱部九十一
攴部九十二
教部九十三
卜部九十四
用部九十五
爻部九十六
㸚部九十七

說文解字第四

旻部九十八
目部九十九
䀠部一百
眉部百一
盾部百二
自部百三
白部百四
鼻部百五
皕部百六
習部百七
羽部百八
隹部百九
奞部百十
萑部百十一
𦫳部百十二
𥄕部百十三
羊部百十四
羴部百十五
瞿部百十六
雔部百十七
雥部百十八
鳥部百十九
烏部百二十
𠦒部百二十一
冓部百二十二
幺部百二十三
𢆶部百二十四
叀部百二十五
玄部百二十六
予部百二十七

未篆議據本作丯是也

放部一百二十八　𠬪部一百二十九　𣦼部一百三十　歺部一百三十一　死部一百三十二　冎部一百三十三

骨部一百三十四　肉部一百三十五　筋部一百三十六　刀部一百三十七　刃部一百三十八　㓞部一百三十九

丯部一百四十　耒部一百四十一　角部一百四十二

說文解字弟五

竹部一百四十三　箕部一百四十四　丌部一百四十五　左部一百四十六　工部一百四十七　㠭部一百四十八

巫部一百四十九　甘部一百五十　曰部一百五十一　乃部一百五十二　丂部一百五十三　可部一百五十四

兮部一百五十五　号部一百五十六　亏部一百五十七　旨部一百五十八　喜部一百五十九　壴部一百六十

鼓部一百六十一　豈部一百六十二　豆部一百六十三　豊部一百六十四　豐部一百六十五　䖒部一百六十六

虍部一百六十七　虎部一百六十八　虤部一百六十九　皿部一百七十　凵部一百七十一　去部一百七十二

血部一百七十三　丶部一百七十四　丹部一百七十五　青部一百七十六　井部一百七十七　皀部一百七十八

鬯部一百七十九 食部一百八十 亼部一百八十一 會部一百八十二 倉部一百八十三 入部一百八十四
缶部一百八十五 矢部一百八十六 高部一百八十七 冂部一百八十八 𩫏(郭)部一百八十九 京部一百九十
亯部一百九十一 㫗(厚)部一百九十二 畐(福)部一百九十三 㐭(廩)部一百九十四 嗇部一百九十五 來部一百九十六
麥部一百九十七 夊(綏)部一百九十八 舛部一百九十九 舜部二百 韋部二百一 弟部二百二
夂部二百三 久部二百四 桀部二百五

說文解字弟六

木部二百六 東部二百七 林部二百八 才部二百九 叒(若)部二百十 之部二百十一
帀(札)部二百十二 出部二百十三 𣎵部二百十四 生部二百十五 乇(澤)部二百十六 𠂹部二百十七
𠌶部二百十八 華部二百十九 𥝌部二百二十 稽部二百二十一 巢部二百二十二 桼部二百二十三
束部二百二十四 㯻(混)部二百二十五 囗部二百二十六 員部二百二十七 貝部二百二十八 邑部二百二十九

𨛜部二百三十

說文解字弟七

日部二百三十一 旦部二百三十二 倝部二百三十三 㫃部二百三十四 冥部二百三十五 晶部二百三十六

月部二百三十七 有部二百三十八 朙部二百三十九 囧部二百四十 夕部二百四十一 多部二百四十二

毌部二百四十三 𢎘部二百四十四 𣐺部二百四十五 卤部二百四十六 齊部二百四十七 朿部二百四十八

片部二百四十九 鼎部二百五十 克部二百五十一 彔部二百五十二 禾部二百五十三 秝部二百五十四

黍部二百五十五 香部二百五十六 米部二百五十七 毇部二百五十八 臼部二百五十九 凶部二百六十

朩部二百六十一 𣏟部二百六十二 麻部二百六十三 尗部二百六十四 耑部二百六十五 韭部二百六十六

瓜部二百六十七 瓠部二百六十八 宀部二百六十九 宮部二百七十 呂部二百七十一 穴部二百七十二

㝱部二百七十三 疒部二百七十四 冖部二百七十五 𠔼部二百七十六 冃部二百七十七 㒳部二百七十八

网 部二百七十九 襾 部二百八十 巾 部二百八十一 巿 部二百八十二 帛 部二百八十三 白 部二百八十四

㡀 部二百八十五 黹 部二百八十六

說文解字第八

人 部二百八十七 𠤎 部二百八十八 匕 部二百八十九 从 部二百九十 比 部二百九十一 北 部二百九十二

丘 部二百九十三 㐺 部二百九十四 𡈼 部二百九十五 重 部二百九十六 臥 部二百九十七 身 部二百九十八

㐆 部二百九十九 衣 部三百 裘 部三百一 老 部三百二 毛 部三百三 毳 部三百四

尸 部三百五 尺 部三百六 尾 部三百七 履 部三百八 舟 部三百九 方 部三百十

儿 部三百十一 兄 部三百十二 兂 部三百十三 皃 部三百十四 𠑹 部三百十五 先 部三百十六

禿 部三百十七 見 部三百十八 覞 部三百十九 欠 部三百二十 㱃 部三百二十一 次 部三百二十二

旡 部三百二十三

說文解字第九

頁 部三百二十四　𦣻 部三百二十五　面 部三百二十六　丏 部三百二十七　首 部三百二十八　県 部三百二十九

須 部三百三十　彡 部三百三十一　彣 部三百三十二　文 部三百三十三　髟 部三百三十四　后 部三百三十五

司 部三百三十六　卮 部三百三十七　卩 部三百三十八　印 部三百三十九　色 部三百四十　卯 部三百四十一

辟 部三百四十二　勹 部三百四十三　包 部三百四十四　茍 部三百四十五　鬼 部三百四十六　甶 部三百四十七

厶 部三百四十八　嵬 部三百四十九　山 部三百五十　屾 部三百五十一　屵 部三百五十二　广 部三百五十三

厂 部三百五十四　丸 部三百五十五　危 部三百五十六　石 部三百五十七　長 部三百五十八　勿 部三百五十九

冄 部三百六十　而 部三百六十一　豕 部三百六十二　㣇 部三百六十三　彑 部三百六十四　豚 部三百六十五

豸 部三百六十六　𤉡 部三百六十七　易 部三百六十八　象 部三百六十九

說文解字第十

馬部三百七十 廌部三百七十一 鹿部三百七十二 麤部三百七十三 㲋部三百七十四 兔部三百七十五

萈部三百七十六 犬部三百七十七 㹜部三百七十八 鼠部三百七十九 能部三百八十 熊部三百八十一

火部三百八十二 炎部三百八十三 黑部三百八十四 囪部三百八十五 焱部三百八十六 炙部三百八十七

赤部三百八十八 大部三百八十九 亦部三百九十 夨部三百九十一 夭部三百九十二 交部三百九十三

尣部三百九十四 壺部三百九十五 壹部三百九十六 㚔部三百九十七 奢部三百九十八 亢部三百九十九

夲部四百 夰部四百一 亣部四百二 夫部四百三 立部四百四 竝部四百五

囟部四百六 思部四百七 心部四百八 惢部四百九

說文解字第十一

水部四百十 沝部四百十一 瀕部四百十二 𡿨部四百十三 巜部四百十四 川部四百十五

泉部四百十六 灥部四百十七 永部四百十八 𠂢部四百十九 谷部四百二十 仌部四百二十一

雨部四百二十二 雲部四百二十三 魚部四百二十四 𩺰部四百二十五 燕部四百二十六 龍部四百二十七

飛部四百二十八 非部四百二十九 卂部四百三十

說文解字第十二

乙部四百三十一 不部四百三十二 至部四百三十三 西部四百三十四 鹵部四百三十五 鹽部四百三十六

戶部四百三十七 門部四百三十八 耳部四百三十九 𦣝部四百四十 手部四百四十一 𠦬部四百四十二

女部四百四十三 毋部四百四十四 民部四百四十五 丿部四百四十六 𠂆部四百四十七 乁部四百四十八

氏部四百四十九 氐部四百五十 戈部四百五十一 戉部四百五十二 我部四百五十三 亅部四百五十四

珡部四百五十五 乚部四百五十六 亡部四百五十七 匸部四百五十八 匚部四百五十九 曲部四百六十

甾部四百六十一 瓦部四百六十二 弓部四百六十三 弜部四百六十四 弦部四百六十五 系部四百六十六

說文解字第十三

糸 部四百六十七
素 部四百六十八
絲 部四百六十九
率 部四百七十
虫 部四百七十一
䖵 部四百七十二
蟲 部四百七十三
風 部四百七十四
它 部四百七十五
龜 部四百七十六
黽 部四百七十七
卵 部四百七十八
二 部四百七十九
土 部四百八十
垚 部四百八十一
堇 部四百八十二
里 部四百八十三
田 部四百八十四
畕 部四百八十五
黃 部四百八十六
男 部四百八十七
力 部四百八十八
劦 部四百八十九

說文解字弟十四

金 部四百九十
幵 部四百九十一
勺 部四百九十二
几 部四百九十三
且 部四百九十四
斤 部四百九十五
斗 部四百九十六
矛 部四百九十七
車 部四百九十八
𠂤 部四百九十九
𨸏 部五百
𨺅 部五百一
厽 部五百二
四 部五百三
宁 部五百四
叕 部五百五
亞 部五百六
五 部五百七
六 部五百八
七 部五百九
九 部五百十
禸 部五百十一
嘼 部五百十二
甲 部五百十三
乙 部五百十四
丙 部五百十五
丁 部五百十六
戊 部五百十七
己 部五百十八
巴 部五百十九

庚 部五百二十 辛 部五百二十一 辡 部五百二十二 壬 部五百二十三 癸 部五百二十四 子 部五百二十五

了 部五百二十六 孨（棧） 部五百二十七 𠫓（徒） 部五百二十八 丑 部五百二十九 寅 部五百三十 卯 部五百三十一

辰 部五百三十二 巳 部五百三十三 午 部五百三十四 未 部五百三十五 申 部五百三十六 酉 部五百三十七

酋 部五百三十八 戌 部五百三十九 亥 部五百四十

說文解字弟十五上

說文解字第十五下　漢太尉祭酒許愼記

銀青光祿大夫守右散騎常侍上柱國東海縣開國子食邑五百戶臣徐鉉等奉

敕校定

敘曰此十四篇五百四十部九千三百五十三文重一千一百六十三解說凡十三萬三千四百四十一字其建首也立一爲耑方以類聚物以羣分同牽條屬共理相貫雜而不越據形系聯引而申之以究萬原畢終於亥知化窮冥于時大漢聖德熙明承天稽唐敷崇殷中遐邇被澤渥衍沛滂廣業甄微學士知方探嘖索隱厥誼可傳粵在永元困頓之季徐鍇曰漢和帝永元十二年歲

小徐本敍上有後字

在庚子也孟陬之月朔日甲申曾曾小子祖自炎神縉雲相
黄共承高辛太岳佐夏呂叔作藩俾侯于許世祚遺
靈自彼徂召宅此汝瀕竊印景行敢涉聖門其弘如
何節彼南山欲罷不能旣竭愚才惜道之味聞疑載
疑演贊其志次列微辭知此者稀儻昭所尤庶有達者
理而董之　召陵萬歲里公乘艸莽臣沖稽首再拜
上書皇帝陛下臣伏見陛下神明盛德承遵聖業上
考度於天下流化於民先天而天不違後天而奉
天時萬國咸寧神人以和猶復深惟五經之妙皆為
漢制博采幽遠窮理盡性以至於命先帝詔侍中騎

都尉賈逵修理舊文殊藝異術王教一耑苟有可以
加於國者靡不悉集易曰窮神知化德之盛也書曰
人之有能有爲使羞其行而國其昌臣父故太尉南
閣祭酒慎本從逵受古學蓋聖人不空作皆有依據
今五經之道昭炳光明而文字者其本所由生自周
禮漢律皆當學六書貫通其意恐巧說衺辭使學
者疑慎愽問通人考之於逵作說文解字六藝羣書
之詁皆訓其意而天地鬼神山川艸木鳥獸蚰蟲雜
物奇怪王制禮儀世閒人事莫不畢載凡十五卷十
三萬三千四百四十一字慎並削以詔書校東觀教小

文古孫本同當作古文

黃門孟生李喜等以文字未定未奏上今慎已病遣
臣齎詣闕慎又學孝經孔氏古文說文古孝經者孝
昭帝時魯國三老所獻建武時給事中議郎衛宏所
校皆口傳官無其說謹撰具一篇并上臣沖誠惶誠
恐頓首頓首死罪死罪臣沖稽首再拜以聞皇帝陛下
建光元年九月己亥朔二十日戊午上徐鍇曰建光元年漢安帝之十五年歲在辛酉
召上書者汝南許沖詣左掖門會令并齎所上書十
月十九日中黃門饒喜以詔書賜召陵公乘許沖布
四十匹即日受詔朱雀掖門　敕勿謝
銀青光祿大夫守右散騎常侍上柱國東海縣開國

小徐本皇下無臣二字

小徐本月十有外字

已小徐本作㠯

子食邑五百戶臣徐鉉奉直郎守秘書省著作郎直
史館臣句中正翰林書學臣葛湍臣王惟恭等奉
詔校定許慎說文十四篇并序目一篇凡萬六百餘
字聖人之旨蓋云備矣稽夫八卦既畫萬象既分則
文字爲之大輅載籍爲之六轡先王教化所以行於
百代及物之功與造化均不可忽也雖復五帝之後
改易殊體六國之世文字異形然猶存篆籀之迹不
失形類之本及暴秦苛政散隸聿興便於末俗人競
師法古文既絕譌僞日滋至漢宣帝時始命諸儒修
倉頡之法亦不能復故光武時馬援上跡論文字之

譌謬其言詳矣及和帝時申命賈逵修理舊文於是許慎采史籀李斯揚雄之書博訪通人考之於逵作說文解字至安帝十五年始奏上之而隸書行之已久習之益工加以行草八分紛然間出返以篆籀爲奇怪之迹不復經心至於六籍舊文相承傳寫多求便俗漸失本原爾雅所載艸木魚鳥之名肆意增益不可觀矣諸儒傳釋亦非精究小學之徒莫能矯正唐大曆中李陽冰篆迹殊絕獨冠古今自云斯翁之後直至小生此言爲不妄矣於是刊定說文修正筆法學者師慕篆籀中興然頗排斥許氏自爲臆說夫

以師心之見破先儒之祖述豈聖人之意乎今之為
字學者亦多從陽冰之新義所謂貴耳賤目也自唐
末喪亂經籍道息
皇宋膺運
二聖繼明人文國典粲然光被興崇學校登進羣才
以為文字者六藝之本固當率由古法乃
詔取許慎說文解字精加詳校垂憲百代臣等愚陋
敢竭所聞蓋篆書堙替為日已久凡傳寫說文者皆
非其人故錯亂遺脫不可盡究今以集書正副本及
羣臣家藏者備加詳考有許慎注義序例中所載而

諸部不見者審知漏落悉從補錄復有經典相承傳
寫及時俗要用而說文不載者承
詔皆附益之以廣篆籀之路亦皆形聲相從不違六
書之義者其間說文具有正體而時俗譌變者則具
於注中其有義理乖舛違戾六書者並序列於後俾
夫學者無或致疑大抵此書務援古以正今不徇今
而違古若乃高文大冊則宜以篆籀著之金石至於
常行簡牘則艸隸足矣又許慎注解詞簡義奧不可
周知陽冰之後諸儒箋述有可取者亦從附益猶有
未盡則臣等粗為訓釋以成一家之書說文之時未

有反切後人附益互有異同孫愐唐韻行之已久今並以孫愐音切爲定庶夫學者有所適從食時而成旣異淮南之敵縣金於市曾非呂氏之精塵瀆

聖明若臨冰谷謹上

新修字義

左文一十九說文闕載注義及序例偏旁有之今並錄於諸部

詔　志　件　借　魋　綦　剔　[illegible]　醆　趄

顦　璵　[illegible]　[illegible]　緻　笑　迓　睆　峯

左文二十八俗書譌謬不合六書之體

下誤本作中是也
手誤本作丰是也
興誤本作典是也
內誤本作肉是也
字誤本作序是也

亹 字書所無不知所以無以下筆 易云定天下之亹亹當作娓 个 亦不見義無以下筆明堂左 右个者明堂旁室也當作介 暮
本作莫日 在茻下也 熟 本作孰亯芋 以手進之 捧 本作奉从廾从手 手聲經興皆如此 遨 本作敖从 出从放 徘
徊 本作裵回皃覔衣也 取其裵回之狀 迴 本作回象 回轉之形 腰 本只作要說文象形借 爲玄要之要後人加內 嗚 本只 作烏
烏盱呼也以其名自呼 故曰烏呼後人加口 慾 說文欲字注云貪 欲也此後人加心 揀 本只作柬說文从束八 八束之也後人加手
俸 本只作奉古爲之奉祿後人加人自暮巳 下一十二字後人妄加偏傍失六書之義 鞦韆 案詞人高無際 作鞦韆賦字云
漢武帝後庭之戲也本云千秋祝壽之詞也語訛轉爲秋千後 人不本其意乃造此字非皮革所爲非車馬之用不合从革 影 案影者 光景之
類也今通用景非毛髮 藻飾之事不當从彡 斌 本作彬或份文質備也从文配武過爲鄙 陖後有从斌从貝者音頵亦於義無取 悅
經典只 作說 藝 本只作埶後人加 艸云義無所取 著 本作箸說文陟慮切注云飯攲 也借爲任著之箸後人从艸 墅
經典只用野野 亦音常句切 蓑 衰字本作蘇禾切从衣 象形借爲衰朽之衰 賾 周易䟽義云深也案 此亦假借之字當通
用 嘖 黌 學堂也从學省黃 聲說文無學部 黈 充耳也从纊省主 聲說文無纊部 矗 直見經史所 無說文無直

占孫本作与是也

部此三字十五皆
無部類可附

麌 說文麌字注云麌鹿羣臣相
聚也詩麀鹿麌麌當用麌字

池 池沼之池當用沱
沱江之別流也

篆文筆迹相承小異

尸尺 尸本作[illegible]尺本从乙二从古文及左旁不當引
筆下垂蓋前作筆勢如此後代因而不改

引 說文
不从

人直
作乚

親 左旁辛木从辛从木說文不省此二
字李斯刻石文如此後人因之

音 从辛从六中畫不當上
曲亦李斯刻石如此上

曲則字形茂
美人皆效之

乙 說文作乁象二屬之形李
斯筆迹小變不言爲異

乃 說文作[illegible]乃亦李斯小
變其勢李陽冰乃云

从開口形
亦爲臆說

朩 說文从屮而垂下於相出入也从入此
字从屮下垂當只作屮蓋相承多一畫

肉 如六切說文
本作肉後人

相承作月与
月字相類

魚 說文作魚上支籀
筆迹小異非別體

無 此本蕃廡之廡李斯借爲有
無之無後人尚其簡便故皆

从之有無字本从亡李陽冰乃云不當加亡且蕃廡字从大从
卌數之積也从林亦蕃多之義若不加亡何以得爲有無之無

畐 或作畐
亦止於

筆迹
小異

[illegible] 說文作[illegible]李
斯筆迹小異

說文解字弟十五 下

銀青光祿大夫守右散騎常侍上柱國東海縣開國
子食邑五百戶臣徐鉉等伏奉
聖旨校定許愼說文解字一部伏以振發人文興崇
古道考遺編於魯壁緝蠹簡於羽陵載穆
皇風允符
昌運伏惟
應運統天睿文英武大聖至明廣孝皇帝陛下凝神
繫表降鑒機先聖靡不通　思無不及以爲經
籍既正憲章具明非文字無以見聖人之心非篆籀
無以究文字之義眷茲譌俗深惻

皇慈爰命討論以垂程式將懲宿弊宜屬通儒臣等

寔媿謏聞猥承乏使徒竊懵學豈副

宸謨塵瀆

冕旒冰炭交集其書十五卷以編袟繁重每卷各分

上下共三十卷謹詣

東上閤門進

上謹進

雍熙三年十一月　日翰林書學臣王惟恭臣葛端等狀進

奉直郎守祕書省著作郎直史館臣句中正

銀青光祿大夫守右散騎常侍上柱國東海縣開國子食邑五百戶臣徐鉉

中書門下　牒徐鉉等

新校定說文解字

牒奉

勑許愼說文起於東漢歷代傳寫譌謬實多六書之
蹤無所取法若不重加刋正漸恐失其原流爰命儒
學之臣共詳篆籀之跡右散騎常侍徐鉉等深明舊
史多識前言果能商搉是非補正闕漏書成上奏克
副朕心宜遣雕鐫用廣流布自　我朝之垂範俾永
世以作程其書宜付史館仍令國子監雕爲印版依
九經書例許人納紙墨價錢收贖兼委徐鉉等點撿

書寫雕造無令差錯致誤後人牒至準

敕故牒

雍熙三年十一月　日牒

給事中參知政事辛仲甫

給事中參知政事呂蒙正

中書侍郎兼工部尚書平章事李昉

嘉慶二年夏五月阮元用此校汲古閣本
于杭州學署
毛晉所刻即據此本凡有舛異皆毛扆妄改
潛江易芃生手校說文今歸西鄉劉氏庚戌歲九月既望以綠筆臨寫記
蕪園識
乙丑閏六月錢侗籀觀

後記

《説文解字》是研究漢字的著作中里程碑式的經典，其歷史意義與學術價值，歷代前賢已講得很透徹、詳盡，已無需贅言。承蒙廣西師範大學出版社北京文獻出版中心慧眼識珠，惠允影印出版《徐無聞批校〈説文解字〉》，這實在是功德無量，嘉惠後學之大好事。至謝！致敬！

這裏我簡略介紹一下這兩部宋刊本《説文解字》，特别是無聞公在這兩部書上耗盡數十年心血的治學歷程。《説文解字》自東漢成書問世，流傳至今，已歷千八百餘年，到北宋雍熙三年（九八六）經過徐鉉等校勘并雕版流布，成爲後世研究《説文解字》的源頭。後來雖發現唐寫本《説文解字》木部殘本，但殘缺太過，僅存百分之二，未成主流。無聞公用於校理的兩種底本：一、陽湖孫星衍重校《宋本説文解字》羊城廣百宋齋藏本，此本據北宋雍熙三年大徐本刻印，嘉慶十四年（一八〇九）刊，光緒乙酉（光緒十一年，一八八五）上海同文書局石印，白棉紙，稱白本；二、四部叢刊本，上海涵芬樓借日本岩崎氏静嘉堂藏北宋刊本《説文解字》影印。機製紙，稱黄本。兩書均爲湖北潛江易均室先生的藏書，易先生生前即將黄本授與無聞公，白本則是易先生逝世後傳與的。無聞公在黄本首葉抄録了易先生的一段跋語：

此小字本爲海内藏諸宋刻之冠，乾嘉以來，早有定評。涵芬影印假于岩崎，良爲有功文字之業。聞都門增值幾十倍，此間猶賤售，故措大得收黄、白紙二部，以榮篋笥。易忠籙記。

此外易先生還在黄本的標目末有兩段跋：

此小字北宋本未可與他宋本同論，其精善處可以决治學之鍵，未之見者，往往滋誤。今已入海外静嘉文庫。惜平津館覆刻時改移行款，又未細校，若非綜攬，幾亦未審其臧否焉。願嘉令佳偶慎護之。易忠籙識于錦里。

又清人治小學諸家，見此本者甚少，似唯嚴鉄橋、孫平津二人耳。王德甫雖收藏，然無著録，故復記之。

無聞公於白本扉頁抄録了一副對聯：『纍世不能殫其學，一日未嘗忘於心。』在書尾，無聞公有一段朱筆跋云：

此潛江易稆園師晚年案頭檢閲之書，師偶著校語，計二十七條，去歲師歸道山，乃入余行笈，今歲驚蟄至穀雨，取涵芬樓景印王蘭泉舊藏宋本與此對讎，同時迻録今人周祖謨所作《孫氏平津館重刊宋本〈説文解字〉校勘記》三百四十餘條，余復增校得二百六十餘條，共約六百餘條。周氏所校者皆標△以識别之。

上章淹茂寎月既望縉雲寓舍亾聞鐙下校竟記。

又緑筆跋云：

庚戌歲五月上旬，據《古逸叢書》本《玉篇》零卷，通志堂本《經典釋文》《爾雅音義》所作校語。

清同治十二年（公元一八七三年）番禺陳昌治覆刻平津館本，改易行款，一字一行，且于孫本誤字頗有改正。周祖謨及余所作校語上耑有緑點者，皆陳本已改正之字也。

前録易、徐二公跋語，已將本書的來龍去脉交代得很清楚。今天我們將這部書影印出版，從中可以看到老一輩學者研究《説文解字》的歷程，以及對漢字、對中華文明的敬畏之心。周祖謨、易均室、徐無聞三位都是傳統意義上的知識分子，他們研究《説文解字》的終極目標就是：在皓首窮經的過程中，準確地理解、傳達、表述古代經典的含義。講清字、詞、句，從古籍原本的表述中準確提煉原始意義，本是一個人文學者的基本功底，這看似是一件簡單的事，却要花費一個人畢生的精力。由此可見，做學問難，做真學問更難，做好真學問，難上難。無聞公從易先生手中接過這兩部書，直到他去世的這二十三年時間裏，書不離手，無論在家還是外出，常用的藤書包裹永遠静静地躺着兩部《説文解字》。多年來，無聞公的足迹遍布大江南北，開會、訪學、出差、會友，所到之處，但凡見到與文字有關的資料，便隨時抄下，夾在書裏，回到家再過録於書上。在家則置之案頭，隨時翻檢、核對，年復一年，已成習慣。書角磨圓了，書縫開口了，書中新材料增加了，在書的天頭地脚，甚至書的行間字裏都夾上了批注。從中我們可以清晰地看到，他在前人研究的基礎上，從漢字的形、音、義三個方面增加了二百六十餘條校注，大大地拓展了《説文解字》研究的領域和視野，爲後來者深入研究作出了表率。同時我們也能感受到他嚴謹認真的治學態度和對學術的不懈追求，學問永無止境，學者常在路上。

無聞公少年時因中耳炎失聰，有句流行語説，上帝關掉了你這道門，却打開了你另一扇窗。失聰使他天然擁有了『兩耳不聞窗外事，一心衹讀聖賢書』的優勢，同時讓他具備了極佳的記憶力和視力。當年他批校《説文解字》時，無需戴老花鏡，僅一厘米的長度，就有大約三個蠅頭小楷，他直書而下，筆筆精到，一絲不苟，間或還有小篆、甲金文夾雜其間，精妙無比。學問做到這種地步，已經大大地超出了研究的範疇，簡直就是藝術的結晶。見過這部原著的人無不爲之感嘆與震撼。今天，我們藉助科技的便利，將此書化身千百，讓後來者感受前輩學者的勤奮與嚴謹，讓讀者在學習的過程中，同時接受藝術的熏陶，這就是我們影印這部書的初衷和心願。

徐正行

二〇二四年八月於重慶揮汗